Gestão de
logística
internacional

Central de Qualidade — FGV Management
ouvidoria@fgv.br

PUBLICAÇÕES
FGV Management

SÉRIE COMÉRCIO EXTERIOR E NEGÓCIOS INTERNACIONAIS

Gestão de logística internacional

Paulo Roberto Ambrósio Rodrigues
Isabel Bernardo Dias de Figueiredo
Julio Eduardo da Silva Menezes
Nelson Ludovico

FGV | EDITORA IDE

Copyright © 2014 Paulo Roberto Ambrósio Rodrigues, Isabel Bernardo Dias de Figueiredo, Julio Eduardo da Silva Menezes, Nelson Ludovico

Direitos desta edição reservados à
EDITORA FGV
Rua Jornalista Orlando Dantas, 37
22231-010 — Rio de Janeiro, RJ — Brasil
Tels.: 0800-021-7777 — (21) 3799-4427
Fax: (21) 3799-4430
e-mail: editora@fgv.br — pedidoseditora@fgv.br
web site: www.fgv.br/editora

Impresso no Brasil / *Printed in Brazil*

Todos os direitos reservados. A reprodução não autorizada desta publicação, no todo ou em parte, constitui violação do copyright (Lei nº 9.610/98).

Os conceitos emitidos neste livro são de inteira responsabilidade dos autores.

1ª edição, 2014.

Revisão de originais: Sandra Frank
Editoração eletrônica: FA Studio
Revisão: Fernanda Villa Nova de Mello e Fatima Caroni
Capa: aspecto:design
Ilustração de capa: Fesouza

Rodrigues, Paulo Roberto Ambrósio
    Gestão de logística internacional / Paulo Roberto Ambrósio Rodrigues...[et al.]. — Rio de Janeiro : Editora FGV, 2014.
    160 p. — (Comércio exterior e negócios internacionais (FGV Management))

    Em colaboração com: Isabel Bernardo Dias de Figueiredo, Julio Eduardo da Silva Menezes, Nelson Ludovico.
    Publicações FGV Management.
    Inclui bibliografia.
    ISBN: 978-85-225-1423-6

    1. Logística. 2. Comércio exterior. I. Figueiredo, Isabel Bernardo Dias de. II. Menezes, Julio Eduardo da Silva. III. Ludovico, Nelson. IV. FGV Management. V. Fundação Getulio Vargas. VI. Título. VII. Série.

CDD — 382.1

Aos nossos alunos e aos nossos colegas docentes, que nos levam a pensar e repensar nossas práticas.

Sumário

Apresentação 9

Introdução 13

1 | Negócios internacionais 15
    Integração das funções logísticas e supply chain 16
    Supply chain internacional 19
    Global sourcing 25
    Estratégias de suprimento internacional 30
    Just-in-time 33
    Estratégias de distribuição física internacional 36
    Incoterms 44
    Custos logísticos 47

2 | Carga, operadores e terminais 53
    Conceitos básicos de cargas 53
    Embalagens 56

Unitização de cargas 56

Contêineres 58

Lei de modernização dos portos brasileiros 67

Operadores logísticos internacionais 71

Plataformas logísticas 85

Conhecimento de embarque 97

Seguros internacionais 100

3 | **Sistema de transportes** 105

A escolha do modal de transporte 105

Modais de superfície: rodoviário e ferroviário 106

Modal aéreo 109

Modal aquaviário 111

Modal dutoviário 130

Multimodalidade 133

Agentes de cargas 136

Terminais de embarque e descarga 140

Conclusão 143

Referências 147

Os autores 157

Apresentação

Este livro compõe as Publicações FGV Management, programa de educação continuada da Fundação Getulio Vargas (FGV).

A FGV é uma instituição de direito privado, com mais de meio século de existência, gerando conhecimento por meio da pesquisa, transmitindo informações e formando habilidades por meio da educação, prestando assistência técnica às organizações e contribuindo para um Brasil sustentável e competitivo no cenário internacional.

A estrutura acadêmica da FGV é composta por nove escolas e institutos, a saber: Escola Brasileira de Administração Pública e de Empresas (Ebape), dirigida pelo professor Flavio Carvalho de Vasconcelos; Escola de Administração de Empresas de São Paulo (Eaesp), dirigida pela professora Maria Tereza Leme Fleury; Escola de Pós-Graduação em Economia (EPGE), dirigida pelo professor Rubens Penha Cysne; Centro de Pesquisa e Documentação de História Contemporânea do Brasil (Cpdoc), dirigido pelo professor Celso Castro; Escola de Direito de São Paulo (Direito GV), dirigida pelo professor Oscar Vilhena Vieira; Escola de Direito do Rio de Janeiro (Direito Rio), dirigida pelo professor Joaquim Falcão; Escola de Economia de São Paulo (Eesp), dirigida pelo professor Yoshiaki Nakano; Instituto Brasileiro de Economia (Ibre), dirigido pelo professor Luiz Guilherme Schymura de Oliveira; e Escola de Matemática Aplicada (Emap), dirigida pela professora Maria Izabel Tavares Gramacho. São diversas unidades com a marca FGV, trabalhando com a mesma filosofia: gerar e disseminar o conhecimento pelo país.

Dentro de suas áreas específicas de conhecimento, cada escola é responsável pela criação e elaboração dos cursos oferecidos pelo Instituto de Desenvolvimento Educacional (IDE), criado em 2003, com o objetivo de coordenar e gerenciar uma rede de distribuição única para os produtos e serviços educacionais produzidos pela FGV, por meio de suas escolas. Dirigido pelo professor Rubens Mario Alberto Wachholz, o IDE conta com a Direção de Gestão Acadêmica pela professora Maria Alice da Justa Lemos, com a Direção da Rede Management pelo professor Mário Couto Soares Pinto, com a Direção dos Cursos Corporativos pelo professor Luiz Ernesto Migliora, com a Direção dos Núcleos MGM Brasília e Rio de Janeiro pelo professor Silvio Roberto Badenes de Gouvea, com a Direção do Núcleo MGM São Paulo pelo professor Paulo Mattos de Lemos, com a Direção das Soluções Educacionais pela professora Mary Kimiko Magalhães Guimarães Murashima, e com a Direção dos Serviços Compartilhados pelo professor Gerson Lachtermacher. O IDE engloba o programa FGV Management e sua rede conveniada, distribuída em todo o país e, por meio de seus programas, desenvolve soluções em educação presencial e a distância e em treinamento corporativo customizado, prestando apoio efetivo à rede FGV, de acordo com os padrões de excelência da instituição.

Este livro representa mais um esforço da FGV em socializar seu aprendizado e suas conquistas. Ele é escrito por professores do FGV Management, profissionais de reconhecida competência acadêmica e prática, o que torna possível atender às demandas do mercado, tendo como suporte sólida fundamentação teórica.

A FGV espera, com mais essa iniciativa, oferecer a estudantes, gestores, técnicos e a todos aqueles que têm internalizado o conceito de educação continuada, tão relevante na era do conhecimento na qual se vive, insumos que, agregados às suas práticas, possam contribuir para sua especialização, atualização e aperfeiçoamento.

Rubens Mario Alberto Wachholz
Diretor do Instituto de Desenvolvimento Educacional

Sylvia Constant Vergara
Coordenadora das Publicações FGV Management

Introdução

Este livro tem por objetivo apresentar alguns dos princípios teóricos, conceitos, ferramentas e exemplos que possam servir de referência para procedimentos logísticos, usualmente executados para dar suporte às operações realizadas no ambiente internacional de negócios. Neste ambiente, atualmente, se pode observar o deslocamento do eixo de negócios para outros países, com a economia internacional em forte retração, constatando-se concorrência acirrada e crescente protecionismo.

O livro está dividido em três capítulos, além desta introdução e da conclusão. O capítulo 1 conceitua e mostra a evolução da logística, além de cobrir o universo dos negócios internacionais, percorrendo as estratégias de suprimento e de distribuição internacional; dá destaque aos suprimentos na modalidade *just-in-time* (JIT) e às estratégias de obtenção conhecidas como *global sourcing*. Além disso, apresenta os modelos de contratos utilizados nas operações de compra e venda internacional e detalha os principais tipos de custos logísticos que incidem sobre essas operações.

O capítulo 2 aborda as características das mercadorias que transitam internacionalmente, destacando-se os contêineres – equipamentos que viabilizam o tráfego internacional de produtos industrializados. É também feita uma breve explanação sobre os terminais de embarque e descarga que movimentam essas mercadorias e sobre os operadores logísticos internacionais, que planejam, coordenam e executam essas operações. Além disso, trata do conhecimento de carga e dos seguros no transporte internacional.

O capítulo 3 cobre o sistema internacional de transportes, enfocando os principais modais utilizados nas operações de transferência internacional de mercadorias, ou seja, o rodoviário, o ferroviário, o aéreo, o aquaviário, o dutoviário e o multimodal.

Sem sombra de dúvida, todos os temas tratados neste livro são fundamentais para gerar valor às cadeias internacionais de suprimento, estabelecendo estratégias para o negócio em si, definindo processos operacionais consagrados e demonstrando procedimentos utilizados para reduzir custos.

O grande desafio encarado por nós, autores, foi buscar abranger os conceitos básicos que apoiam as práticas orientadas para a tomada de decisão nas empresas, de qualquer porte, que operam no mercado internacional. Para você, leitor, será transpor princípios, conceitos e ferramentas apresentados de forma genérica, para seu segmento de negócio em geral, e para as peculiaridades de sua situação em particular.

1

Negócios internacionais

A nova ordem econômica mundial vem tornando o comércio internacional mais agressivo. A dinâmica dos negócios exige um posicionamento competitivo sustentável para que haja êxito na inserção e permanência nos mercados externos. Denomina-se posicionamento competitivo sustentável a uma dupla base estratégica constituída por vantagem comparativa e vantagem competitiva de uma empresa exportadora. As empresas brasileiras têm desenvolvido esforços para vencer os desafios da competitividade no contexto do mercado globalizado, o que vem exigindo mudanças nos métodos de gerenciamento.

As vantagens comparativas, quando existem, podem contribuir na etapa inicial, mas as vantagens competitivas são prioridades para operar em mercados internacionais. Cada empresa deve determinar sua própria posição nos mercados internacionais, com esforços, oportunidades, instabilidades ou sustentabilidade, e selecionar a estratégia para se manter em exposição por longo prazo.

O enfoque econômico do comércio internacional centrado nas vantagens comparativas se baseia em elementos exclusivamente operacionais, racionais, localizados mais na oferta do que na demanda. O conceito da vantagem competitiva pode ser enfocado desde a concorrência internacional até a estratégia da empresa.

Segundo Magretta (2012), a vantagem competitiva advém, fundamentalmente, do valor criado por uma empresa pelo qual os clientes estão dispostos a pagar. O grande desafio é criar valor em excesso para os clientes, que é a mesma essência da dupla base estratégica.

Assim, diante de um mundo cada vez mais globalizado, os desafios a serem superados pelas empresas que pretendem colocar seus produtos ou serviços em mercados internacionais são cada vez maiores. Para que essas empresas tenham sucesso na entrada em um novo mercado, é preciso que conheçam e utilizem conceitos de integração das funções logísticas, das estratégias de suprimento e distribuição física internacional, de *just-in-time*; saibam utilizar os *international commercial terms* (Incoterms) e calcular custos logísticos, aspectos que serão abordados neste primeiro capítulo.

Integração das funções logísticas e supply chain

Ao longo de qualquer processo industrial, os fluxos de insumos e de produtos acabados devem necessariamente ser racionalizados, com a devida proteção contra deterioração ou furto, onerando o mínimo possível os processos de suprimento e distribuição. Para otimizar esse processo, as organizações vêm se utilizando da logística como ferramenta.

Para que isso possa ser realizado, é necessário planejar, implementar e controlar estratégias adequadas não apenas à organização, mas também ao entorno no qual está envolvida, visando estabelecer uma posição lucrativa e sustentável em relação às forças provenientes da concorrência. Essa postura faz a logística estar presente no planejamento estratégico de quase todas as organizações, notadamente aquelas que atuam no ambiente internacional.

Inicialmente, cabe esclarecer que a palavra logística é de origem francesa (verbo *loger* = suprir). A palavra foi criada no Exército de Napoleão Bonaparte, com o sentido de transportar, abastecer e alojar as tropas. Ao longo do tempo, seu significado expandiu-se, tanto para uso militar quanto civil – a arte de administrar o fluxo de materiais e produtos desde a fonte produtora até o consumidor (Rodrigues, 2007b).

A partir dos anos 1970, pode-se constatar que o crescimento do comércio mundial cada vez mais se concentra em produtos de maior valor agregado e conteúdo tecnológico. Vários segmentos da produção mundial passam a ter seu sistema produtivo espalhado pelo planeta, surgem novas formas de produção associadas à rápida incorporação dos avanços científicos, com acelerado aumento da produtividade (Gama, 2003).

Nos anos 1990, o fenômeno da globalização da economia adquiriu dimensões cada vez mais complexas – com o acirramento do ambiente competitivo, o ciclo de vida dos produtos tornou-se cada vez mais reduzido. O tempo passou a ser uma importante variável a ser considerada pelos compradores. Desde então, o mercado vem se caracterizando por produtos cada vez mais similares, num cenário cada vez mais volátil, competitivo e imprevisível. Grupos transnacionais realocam plantas industriais em outros países, buscando incentivos fiscais, imóveis e mão de obra baratos (Rodrigues, 2007b).

No limiar do século XXI, o conceito de logística teve de se readequar a uma amplitude muito mais dinâmica e global, de forma a abranger a coordenação sobre os processos de manufatura, embalagem, manuseio, processamento de pedidos, distribuição e gerenciamento da informação. De acordo com Rodrigues (2007b), pode-se dizer que se trata de um conjunto multidisciplinar de processos orientados para adicionar valor, gerenciando e otimizando o fluxo de materiais desde a fonte de obtenção de insumos até o consumidor final, garantindo o suprimento na quantidade certa, de maneira adequada, além da integridade física dos produtos, a um custo razoável, no menor tempo possível.

Ainda segundo Rodrigues (2007b), o planejamento e a implantação de estruturas logísticas internacionais racionalizam os custos, possibilitando gerenciar todas as operações desenvolvidas nos estágios de transformação, transporte e distribuição, integrando as seguintes atividades:

- aquisição e transporte de insumos e/ou matérias-primas;
- controle de estoques de insumos e/ou matérias-primas;
- estocagem nas fábricas;
- planejamento e controle da produção;
- controle de estoques de produtos acabados, empacotamento, embalagem e expedição;
- armazenagem em centros de distribuição ou em terminais de embarque internacional;
- transporte de produtos acabados;
- processamento de pedidos;
- previsões de demanda;
- pós-venda.

Para que tais atividades possam efetivamente se integrar de maneira harmônica e coordenada, é imprescindível monitorar o processo todo o tempo, buscando obter equilíbrio entre custo, tempo e qualidade, gerando melhor produtividade e possibilitando a avaliação dos seguintes elementos:

- eficiência dos fluxos de armazenagem, movimentação e distribuição;
- competência dos meios de transporte;

- ponto de equilíbrio entre os custos;
- confiabilidade e velocidade da informação;
- qualidade dos serviços.

A oferta e a demanda de serviços internacionais constituem um processo dinâmico sendo, portanto, necessário que os operadores internacionais se mantenham atualizados com as constantes modificações que ocorrem no cenário mundial. Para tanto, devem obedecer a um criterioso planejamento das estratégias logísticas para driblar barreiras protecionistas, peculiaridades das legislações, práticas e costumes de diferentes países.

A *supply chain* internacional pode ser conceituada como a concepção de um planejamento estratégico orientado para a integração, coordenação e execução dos negócios na cadeia de suprimentos expandida, direcionado ao longo prazo, envolvendo parcerias colaborativas comprador/fornecedor, marketing, compra de insumos, produção, documentação, distribuição física e pós-venda, de forma a gerar valor e a obter vantagem competitiva junto aos clientes internacionais, em uma conjuntura sujeita a rápidas alterações, como explicado em detalhes no próximo item.

Supply chain internacional

No século XXI, o desafio a ser enfrentado por estrategistas ao redor do globo é enorme. O mundo semiglobalizado exige muito mais do que experimentações estratégicas.

O primeiro elo da *supply chain* internacional é o suprimento, ou seja, a compra de bens e serviços necessários à confecção de bens a serem produzidos e posteriormente transportados até o país de destino. Esse suprimento pode ser obtido com fornecedores locais ou internacionais. Com o advento da globalização, qualquer empresa, independentemente do porte, passou a ter acesso ao mercado global, o que propicia a aquisição desses bens e serviços a menores custos e com mais qualidade. Com isso, explorar as possibilidades oferecidas pela economia global vem se tornando fator-chave na obtenção de vantagens comparativas por parte das empresas.

Globalização

A globalização, também chamada de mundialização, caracteriza-se por um incremento nos fluxos de comércio, capital e informação, bem como pela circulação transfronteiriça de pessoas, tanto a negócios quanto a turismo. Não é um fenômeno novo e tem avançado ao longo do tempo, não em forma constante ou linear, mas se fortalecendo paulatinamente.

As modificações observadas de fatores sociais, econômicos e políticos coincidem com os objetivos comuns à globalização, tais como a expansão do comércio mundial, a propagação cada vez maior da tecnologia e as grandes correntes migratórias na integração cultural dos povos.

Grandes investimentos têm revolucionado a área da informática, gerando importantes reduções de custos. Com isso, a globalização proporciona a qualquer pessoa, empresa ou entidade a possibilidade de adquirir bens e serviços em qualquer lugar do mundo, de maneira convencional ou virtualmente. O processo torna-se cada vez mais acelerado à medida que os custos de comunicação caem ou simplesmente deixam de existir, as barreiras alfandegárias ao comércio são reduzidas ou eliminadas e ocorrem quedas bruscas nos custos do transporte internacional.

A natureza do ciclo econômico mundial mudou. O mundo experimenta uma grande redução de estoques e uma elevada volatilidade de preços, devido à menor capacidade de absorção de mudanças na demanda. A relação entre as commodities – assim considerados os bens primários, tais como petróleo cru, minérios, grãos, etanol e outros de baixo valor agregado negociados em grandes lotes – com outras classes de ativos é cada vez menor. A geopolítica tornou-se a palavra-chave em uma guerra fria pela obtenção de recursos. O mundo vive um momento de profunda reestruturação competitiva global e a busca por recursos em outras localidades nunca foi tão grande. Empresas que antes faziam contratos de longo prazo para garantir o suprimento de commodities agrícolas ou minerais, por exemplo, hoje compram terras em outros países para garantir o acesso permanente e estrutural às matérias-primas e aos insumos de que necessitam, desafiando a soberania das nações.

De acordo com Siri (2007), o novo modelo de globalização apresenta elementos que lhe dão consistência, de tal forma que, se os países não acompanharem esse desenvolvimento, fatalmente estarão fora das grandes possibilidades de melhorar as condições econômicas de vida dos seus habitantes. Nesse sentido, é importante assinalar que os países importam bens de outros países pela possibilidade de obter vantagens competitivas no custo de produção ou do consumo direto, e muitos desses bens estão relacionados ao desenvolvimento das atividades de planejamento e operacionalização da logística internacional.

Já para Dornier e colaboradores (2000), os últimos 15 anos testemunharam a evolução de um novo ambiente de manufatura global. A grande maioria de fabricantes, hoje, possui alguma forma de presença global, por meio de exportações, investimentos, serviços, alianças estratégicas ou *joint ventures*, conscientes da importância de participar do grande mercado internacional e não tão somente de seus próprios.

Porém, a presença global pode também ser usada como uma ferramenta de ordem defensiva, para inibir movimentos agressivos de penetração dos concorrentes estrangeiros no mercado local de uma empresa. Em geral, qualquer negócio incapaz de se defender da concorrência estrangeira em seu mercado local decerto está em posição competitiva vulnerável.

Boisier (2005) afirma que a globalização é uma poderosa metáfora para descrever vários processos mundiais em curso. Para Vieira (2007:21):

> a globalização foi transformada em muro das lamentações sociais. A ela se vêm atribuindo todos os males das desigualdades, dos confrontos pela terra, pelo teto, pela justiça, pela distribuição da renda e pela exclusão social. Mas esses males já existiam antes do processo de globalização das atividades produtivas.

Segundo Ludovico (2012), conhecer mercados internacionais se inicia com o conhecimento da cobertura geográfica, sua extensão, habitantes, economia e forma de governo. É indispensável a pesquisa exploratória que envolve múltiplos aspectos, tais como exigências governamentais, normas para o produto que a empresa pretende vender, concorrências locais e internacionais, usos e costumes, entre outros. Ainda de acordo com Ludovico (2012:31), o planejamento na exportação torna o estudo de viabilidade ponto fundamental, tendo como bases, entre outras ações:

- estudar o mercado no qual se deseja operar, de modo a avaliar suas efetivas possibilidades comerciais;
- estudar o uso mercantil dos países, observando os fatores da legislação aduaneira e logística;
- utilizar linguagem comercial adequada aos padrões convencionais;
- obter conhecimento técnico dos estímulos oferecidos pelo governo;
- preparar e estudar cuidadosamente o preço de venda do produto, considerando os Incoterms atualizados pela Câmara de Comércio Internacional (CCI);

❑ atentar para a contratação de parceiros logísticos de acordo com os modais que serão utilizados nas operações.

Cada vez mais, para se analisar corretamente tanto o cenário global quanto os cenários regionais, será fundamental compreender como eles se formam, bem como quem e quais os elementos que neles intervêm.

De acordo com a visão de Arese (2007), os elementos básicos a considerar na formação do cenário internacional podem ser identificados no seguinte fluxo:

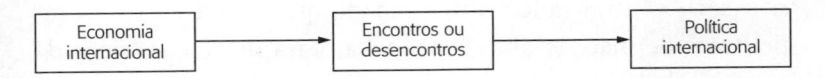

| Economia internacional | → | Encontros ou desencontros | → | Política internacional |

Neste cenário se encontram todos os países e, dentro destes, as empresas. O fluxo aqui exposto indica a revisão histórica das intermináveis lutas por mares, territórios ou espaços localizados estrategicamente, de tal forma que são os países e as organizações internacionais que determinam tendências harmônicas ou conflituosas. Mediante os equilíbrios ou desequilíbrios se estabelecem as relações comerciais, tanto para os próprios países quanto para as empresas.

No âmbito dessas relações comerciais, a mão de obra – recurso indispensável para a confecção e oferta de bens e serviços – é um dos fatores capazes de gerar competitividade para as empresas. A globalização também provocou uma importante mudança na estrutura de oferta de trabalho no mundo.

Reorganização do trabalho

Diante desse novo jogo no cenário global, a forma de organização do trabalho também mudou. A mão de obra dispersa tem cada vez mais autonomia e mobilidade para poder concorrer e, ao mesmo tempo, colaborar globalmente. Novos modelos surgem a cada dia: terceirização; *e-procurement*, ou seja, obtenção de bens e serviços por meio de sistemas informatizados; *offshoring*, isto é, realocação de recursos de manufatura, de produção ou de serviços de um país para outro, possibilitando alternativas, flexibilidade e redução de custos; *peer-to-peer* (P2P), ou seja, rede de computadores virtual que dispensa o uso de servidor e permite um novo conjunto de aplicações poderosas através da partilha de recursos espalhados pela internet etc.

Cada vez mais as empresas multinacionais (ou transnacionais) usam o sistema de serviços compartilhados (*shared services*), centralizados numa cidade que tenha custos competitivos de mão de obra capacitada, para prestar serviços de contabilidade, suprimentos, finanças, entre outros, para todas as suas unidades de negócio dispersas pelo mundo.

Da mesma forma, navios cheios de trabalhadores asiáticos atracam em portos africanos para trabalhar na construção civil, fazendo das embarcações verdadeiros dormitórios flutuantes. Alguns desses navios são também fábricas flutuantes, onde os trabalhadores realizam atividades produtivas nos porões para reduzir os prazos de entrega.

Não há limites para as possibilidades da globalização, que pode ser definida como:

> Interdependência comercial entre fatores de produção em países diferentes, como resultante de esforços coletivos para produzir matérias-primas e componentes, obter serviços de montagem e distribuição a produtos que serão vendidos em qualquer lugar do planeta [Rodrigues, 2007b:158].

Conforme veremos a seguir, a queda das barreiras geográficas oriundas do processo de globalização provocou uma revolução na cadeia internacional de suprimentos.

Gerenciamento da cadeia internacional de suprimentos

A assim chamada logística de suprimento é o processo de planejar, executar e controlar eficazmente a aquisição, a estocagem e a movimentação de materiais, desde a constatação de uma necessidade até seu atendimento; é a atividade responsável pela gestão da entrada de matérias-primas, serviços, componentes e/ou insumos em um processo produtivo. Quando aplicada a uma cadeia internacional, cujos ciclos costumam ser mais longos, desenvolve-se um processo de colaboração entre comprador e fornecedor, de maneira a assegurar a disponibilidade dos insumos requeridos, observando o cumprimento do prazo de entrega, ao menor custo total. Esta integração colaborativa evoluiu ao longo do tempo nos seguintes contextos:

- anos 1950 – pós-guerra/conceitos militares;
- anos 1960 – interna/fluxo dentro das instalações da empresa;
- anos 1970 – corporativa/fluxo entre plantas;
- anos 1980 – cadeia de suprimentos/fluxo entre fornecedor e consumidor no mercado interno;
- anos 1990 – logística global/fluxo entre fornecedores e consumidores globais/colaboração entre redes;
- anos 2000 – negócios virtuais/logística virtual.

Com o advento da internet, o mundo pode consolidar o processo de globalização por meio da possibilidade de obter informações de forma rápida e eficaz, dando ao comprador uma importante ferramenta de monitoramento do mercado global e fazendo com que possa acessar qualquer mercado a qualquer hora para comprar aquilo de que precisa. Esse processo acelerou as possibilidades de *global sourcing*.

Global sourcing

Diante das inúmeras alternativas possíveis, as empresas vêm buscando desenvolver estratégias para monitorar o mercado mundial, tendo como propósito identificar novos potenciais fornecedores onde quer que eles estejam. O objetivo é estabelecer parcerias comerciais de longo prazo para garantir a continuidade dos fornecimentos em uma cadeia de suprimentos internacional, atendendo a prazos, a despeito de quaisquer mudanças no cenário macroeconômico, tanto de ordem conjuntural quanto estrutural. Este procedimento se denomina *global sourcing* (Rodrigues, 2007b).

Ao desenvolver estratégias de *global sourcing* viáveis, as empresas consideram os custos de fabricação, a flutuação das taxas de câmbio, a disponibilidade de infraestrutura (transporte, comunicação e energia), o ambiente industrial, o tipo de relacionamento com governos etc. A complexidade dessa estratégia cria inúmeras barreiras para o êxito de sua execução, entre as quais se destacam problemas de ordem operacional, envolvendo a distância e a falta de conhecimento das práticas internacionais de negócios.

Assim, o primeiro passo para definir o que procurar é a aplicação de uma curva ABC aos produtos e serviços necessários à empresa. A curva ABC, também chamada de classificação ABC ou curva de Pareto, se baseia em um teorema do economista italiano Vilfredo Pareto, que, desenvolvendo um estudo sobre renda e riqueza, percebeu que 80% da riqueza se concentravam nas mãos de apenas 20% da população. Isso ficou conhecido como "regra 80/20", utilizada em processos administrativos e em logística, como você, leitor, verá a seguir.

Depois de desenhada a curva ABC dos bens e serviços comprados pela empresa, aqueles 20% de itens comprados cujo valor represente 80% do valor total das aquisições, devido à relevância do seu impacto no custo da empresa, são os principais candidatos ao procedimento de *global sourcing*. Qualquer ganho obtido no processo de compra dos itens A da curva 80/20 resultará em vantagem competitiva imediata.

Estudos mostram que, apesar disso, *onde* procurar componentes principais é menos vital do que *como* procurá-los. Ao se examinar a relação *sourcing versus* competitividade, importa distinguir *sourcing* contratual de *sourcing* intrafirma. Para os dois tipos haverá diferentes impactos na competitividade no longo prazo.

Para que o processo de *global sourcing* tenha um impacto positivo no resultado da empresa, é necessário:

a) planejar e estabelecer claramente os objetivos a serem alcançados, tais como:
- venda interna do projeto – promover um alinhamento entre as diversas áreas da empresa ou entre os pares dos diversos países que participarão do processo, sempre respeitando a diversidade e os aspectos culturais de cada país;
- cronograma das atividades – estabelecer data de início e fim para cada atividade identificada;
- fechamento da negociação – definir preços, garantias e demais condições pretendidas;

b) realizar o levantamento detalhado da situação atual de fornecimento e estabelecer o futuro desejado, no que se refere a:
- volumes consumidos por planta;
- consumo atual por fornecedor;
- localização geográfica de cada planta;
- matriz logística por planta (porto de destino, imposto de importação, frete interno etc.);

c) promover o marketing reverso da empresa compradora:
- confecção do material com os dados sobre a empresa como um todo e as vantagens que ela pode oferecer ao fornecedor;
- obtenção de informações específicas sobre a unidade de negócio em questão e sua matriz de competitividade logística;

d) realizar o levantamento do mercado global do material ou serviço a ser comprado:
- mercado fragmentado ou concentrado (é um monopólio, oligopólio ou cartel?);
- quem são os principais fornecedores e quantos deles formam 50% do mercado?
- localização geográfica dos fornecedores;
- histórico de preços do mercado;
- histórico de preços pagos pela empresa;

e) executar um levantamento da cadeia de suprimento do fornecedor e análise da indústria:
- qual é o comportamento da indústria?
- o fornecedor é integrado verticalmente, isto é, possui fontes de matérias-primas próprias? É concorrente do comprador?

f) analisar a posição competitiva dos fornecedores:
- controle de matérias-primas;
- baixo custo de mão de obra, habilidades, recursos naturais, subsídios públicos, redução de impostos etc.;
- diferenciação de produto;
- vantagens competitivas em tarifas, proximidade com o mercado fornecedor ou comprador etc.;
- tecnologia própria em pesquisa e desenvolvimento (P&D);

g) desenhar as alternativas de suprimento:
- *make or buy* (produzir ou comprar);
- a empresa produzirá ela mesma (intraempresa) ou contratará fornecedores independentes (*outsourcing* interempresa) por meio de um contrato de fornecimento;
- *outsourcing* (terceirização);
- subcontratação de serviços não fundamentais às principais atividades da empresa;

- aproveitamento de sinergias comuns e/ou alianças estratégicas;
- *joint venture*, isto é, associação temporária ou definitiva de empresas para explorar algum negócio sem que nenhuma delas perca sua personalidade jurídica;
- integração parcial ou total com o fornecedor;
- licenciamento de patentes.

Além dos fatores mencionados, ainda existem dois outros, eminentemente financeiros, que podem afetar a decisão final quanto à escolha do fornecedor, dependendo exclusivamente do seu país de origem:

- taxa real de juros, que afeta a competitividade dos países e limita ou atrai novos investimentos de capital;
- taxa de câmbio, que afeta a competitividade dos países exportadores e influencia a decisão de compra dos países importadores.

Na visão de Kotabe e Helsen (2000), é imprescindível conhecer os conceitos a seguir, ambos importantes no planejamento da logística internacional:

- *lay-down cost*: custo logístico porta a porta (abrange movimentação, armazenagem, transportes, seguros, licenças, certificações, impostos etc.);
- *fronteira de mercado*: linha de indiferença do custo final entre diferentes possíveis cadeias de suprimento. Qualquer *trade-off*, isto é, transação compensatória entre custos conflitantes, pode fazer a diferença e viabilizar uma nova fonte de suprimento.

É importante lembrar que o comparativo das propostas deve sempre ser feito pelo *lay-down cost*, ou seja, entre os preços EXW (preço na origem, sem nenhum custo logístico) e DDP (preço no destino, já acrescido de todos os custos subsequentes, impostos, despachantes, licenças etc.). A equalização das propostas recebidas de fornecedores globais pode apresentar complexidades adicionais dependendo do tipo de material ou serviço, bem como das peculiaridades logísticas requeridas para levá-lo até o local de destino.

Uma vez que o *global sourcing* possibilita acesso em tempo real a todas as informações do mercado em qualquer lugar do planeta, sua aplicação possibilita à empresa uma significativa redução no custo de materiais e serviços adquiridos. Contudo, cabe observar que o *global sourcing* pode também representar riscos caso a empresa não consiga interpretar adequadamente a enorme diversidade de opções que se apresentam.

Redução da base de fornecedores

Apesar de a globalização proporcionar às empresas um crescente universo de fornecedores internacionais, oferecendo inúmeras opções de suprimento, é necessário adotar critérios que permitam selecionar qualitativa e quantitativamente os fornecedores, a fim de evitar custos administrativos desnecessários.

A próxima seção abordará as principais estratégias de suprimento internacional que possibilitam a adequada aplicação de *global sourcing* às necessidades da empresa. Não existem verdades absolutas nem uma única receita que sirva indistintamente a todas as empresas. Cada organização deve avaliar e definir seu número ideal de fornecedores, bem como a estratégia a ser adotada para atingir seus objetivos na compra dos componentes e serviços necessários ao processo industrial.

Estratégias de suprimento internacional

Pode-se conceituar o suprimento internacional como a integração de serviços próprios (*core + business*) e parcerias estratégicas, em uma relação de parceria colaborativa entre o fornecedor e o comprador situados em diferentes países. Tal parceria pode envolver pesquisa, desenvolvimento de produtos e distribuição física, de forma a garantir a disponibilidade de insumos adequados ao processo industrial, cumprindo prazos de entrega, ao menor custo total.

Segundo Rodrigues (2007b:194), as principais estratégias utilizadas no suprimento internacional são:

❑ *intraempresa* – verticalização do suprimento, de forma a manter as competências-chave no âmbito interno do grupo, por meio de produção própria ou compras feitas em subsidiárias, controladas ou coligadas. Com o uso dessa estratégia é possível controlar as variações cambiais simplesmente alterando os fluxos. O desafio para essas transferências intraempresas é a definição do preço de transferência (*transfer price*) dos materiais ou serviços entre as diferentes unidades de negócio envolvidas;

❑ *interempresas* – aquisições externas de terceiros, realizadas por meio de concorrências, *global sourcing*, contratos a tempo, parcerias de longo prazo, certificação de fornecedores ou, ainda, via integração total com fornecedores.

Ainda segundo Rodrigues (2007b:193-194), da mesma maneira que ocorre em âmbito nacional, para as empresas que operam no mercado internacional, a tomada de decisão quanto às compras pode se dar de forma centralizada ou descentralizada, com a coordenação ocorrendo em nível local ou global, como você, leitor, verá a seguir.

Vantagens das compras centralizadas:
❑ maiores lotes por aquisição;
❑ homogeneização da qualidade;
❑ maior poder de barganha com base nos volumes agregados;
❑ controle de estoques centralizado.

Vantagens das compras descentralizadas:

❏ grandes corporações globais, geograficamente dispersas, de maneira a atender às peculiaridades regionais;
❏ maior flexibilidade e agilidade;
❏ compras técnicas especializadas, de maneira a facilitar o diálogo com fornecedores locais.

Na observação de Rodrigues (2007b), o processo de seleção de fornecedores globais ocorre mediante a observância de inúmeros critérios, entre os quais se destacam:

❏ nível de capacitação tecnológica e especialização das instalações;
❏ flexibilidade e diferenciação por famílias de produtos;
❏ conformidade no atendimento a especificações;
❏ viabilidade de terceirizar fases da montagem (entregas de *kits*);
❏ vontade de compartilhar riscos (*joint ventures*);
❏ capacidade de concorrer com novos entrantes no mercado;
❏ competitividade do custo final do produto (preço DDP);
❏ existência de capital cruzado ou a possibilidade de isso ocorrer;
❏ experiência prévia em parcerias estratégicas ou fornecimentos JIT.

Na busca pela "fonte correta" de suprimento, com a adequada capacitação, a opção por um fornecedor único (*single sourcing*) ou múltiplo (*multi sourcing*) influenciará preço, qualidade e prazo de entrega. A definição da fonte de suprimento, seja ela um único fornecedor ou múltiplos fornecedores, deverá considerar todos os critérios aqui citados, entre os quais a possibilidade de o fornecedor ser capaz de gerenciar os estoques a serem supridos e garantir ao comprador entregas *just-in-time* dos produtos, ou seja, entregas ocorrendo no momento exato da necessidade do insumo em sua unidade industrial.

Just-in-time

A filosofia *just-in-time*, segundo Rodrigues (2007b), nasceu na Toyota (Japão), no final da década de 1950, para eliminar atividades que não adicionavam valor à cadeia produtiva – compras/fabricação/distribuição –, possibilitando custos de produção menores. A premissa era acoplar a demanda ao suprimento, com o envolvimento de clientes, fornecedores e transportadores, de forma a reduzir o nível de estoques, tempos de parada, conferências etc. A ideia básica era reduzir os custos com a manutenção de estoques, tendo-os disponíveis na hora e no local necessários à produção.

Ao mesmo tempo que o baixo nível de estoques reduz o custo de mantê-los, os embarques sincronizados de componentes resultam em substancial economia de escala no transporte. Para que o JIT funcione bem, matérias-primas e/ou componentes devem ser entregues na planta um pouco antes de serem utilizados no processo industrial, ou seja, o modelo requer fornecimentos constantes e em pequenas quantidades. Portanto, os fornecedores devem estar envolvidos com esta filosofia de trabalho. Do contrário, todos os esforços serão inócuos.

Alguns procedimentos para a seleção de fornecedores parceiros no modelo JIT são:

- ter poucos fornecedores, geograficamente próximos do grande comprador;
- tentar agrupar os fornecedores distantes em única coleta. O comprador determina local e prazo para todos os fornecedores entregarem seus lotes. Encerrado o prazo, o próprio comprador promove a consolidação dos lotes e gerencia o

transporte até sua própria planta. Este procedimento é conhecido como *milk-run*;
- ❑ selecionar fornecedores por famílias de produtos, para eliminar a concorrência entre eles;
- ❑ resistir à tendência de integração vertical;
- ❑ firmar contratos de longo prazo com os fornecedores;
- ❑ encorajar os fornecedores a estender o *just-in-time* (JIT) também aos seus próprios fornecedores.

A drástica redução do nível de estoque exige grande conscientização sobre a qualidade das matérias-primas, peças e componentes comprados, impondo a total eliminação de desperdícios e retrabalho, sendo possível identificar imediatamente eventuais fontes de defeitos. Além do maior giro do estoque, os benefícios da implantação do JIT abrangem a melhoria da qualidade, a redução da formação de sucata, maior produtividade e melhores relações com clientes e fornecedores. Se um fornecedor fizer entregas de má qualidade, toda a linha de produção ficará comprometida, pois não haverá estoque sobressalente para cobrir entregas fora de especificação.

Após a discussão de conceitos e estratégias ligadas à globalização e à cadeia de suprimento internacional, a empresa deverá evoluir no gerenciamento de outros aspectos igualmente importantes, que serão abordados na seção seguinte.

Evolução do gerenciamento da cadeia de suprimento internacional

Segundo Friedman (2005), a partir dos conceitos de gerenciamento da cadeia de suprimento internacional, a necessidade de ampliar a visão do comprador extrapola fronteiras convencionais. As oportunidades de realizar boas negociações passam por um completo monitoramento da cadeia de suprimentos envolvida, gerando um dinamismo que deve sempre ser considerado ao tomar as decisões. Dentro desse conceito, o estágio final a ser atingido no gerenciamento da cadeia de suprimento internacional deve apresentar as seguintes características:

❑ envolvimento no planejamento estratégico da empresa – a função organizacional ligada ao topo da organização gera velocidade de resposta e integridade de informações;
❑ trabalho com poucos fornecedores e relacionamento estreito em ambiente cooperativo, por exemplo, participação em fase de projeto/lançamento de novos produtos;
❑ equipes multifuncionais e multiculturais treinadas e motivadas para a seleção de fornecedores internacionais e para o processo de aquisição global;
❑ aplicação de procedimento *global sourcing*;
❑ processos unificados e integrados com áreas-chave internas e externas, de preferência alinhados com a filosofia *just-in-time*;
❑ políticas de compras internacionais definidas e divulgadas;
❑ compatibilidade de sistemas de informação e transferência de dados.

Uma vez estruturada e consolidada a cadeia de suprimento internacional, o profissional de logística deverá focar como próxima etapa a estratégia de distribuição física internacional, e tentar buscar sinergias entre as duas. A principal sinergia desenvolvida por várias empresas que fazem *global sourcing* e distribuição internacional é o frete de retorno, ou seja, a possibilidade de utilização do mesmo transporte que traz os suprimentos de fornecedores para entregar produtos acabados aos clientes localizados na mesma região geográfica. Tal sinergia depende da compatibilidade dos produtos a serem transportados na ida e na volta pelo mesmo modal. Na seção seguinte, serão abordados os conceitos de distribuição física internacional.

Estratégias de distribuição física internacional

Distribuição física internacional (também conhecida pela sigla DFI) é a denominação atribuída a um conjunto de estratégias utilizadas para disponibilizar produtos e/ou serviços em outros países. Envolve desde a movimentação e a estocagem dos produtos acabados até o processamento de pedidos e sua entrega, o que inclui atividades de movimentação, consolidação, documentação, seguros, transporte internacional e distribuição física, de forma a agregar valor para os clientes.

Qualquer produto, oferecido por qualquer empresa, pode ser descrito por seus atributos de preço, qualidade e serviço. Os compradores institucionais selecionam seus fornecedores com base na combinação desses atributos, de forma a satisfazer as necessidades das organizações.

É importante saber que cada cliente tem objetivos específicos, não necessariamente iguais aos dos demais e, com isso, definir a importância relativa que cada cliente confere a diferentes atributos e/ou componentes do serviço. Por outro lado, existem grupos de clientes com objetivos semelhantes. O que se entende como nível de serviço é oferecer alternativas diferenciadas capazes de satisfazer de forma inequívoca o significado exato de qualidade para cada cliente constante de sua carteira.

Os produtos resultantes de processos industriais possibilitam a implantação de sistemas de controle de qualidade preventivos contra a ocorrência de defeitos durante o processamento. Antes de chegarem ao consumidor são armazenados, o que facilita sua substituição quando da constatação de que não atendem aos parâmetros exigidos. Já a prestação de serviços é de consumo imediato, ou seja, qualquer defeito, mesmo sem ser quantificável, é imediatamente percebido pelo cliente, porém o serviço já foi prestado. Um serviço inadequadamente executado gera insatisfação do cliente, que, possivelmente, procurará outro fornecedor.

Na avaliação de Kobayashi (2000), a gestão da distribuição física deve ser desenvolvida nos três níveis gerenciais: estratégico, tático e operacional:

- *Nível estratégico*: Como deve ser o sistema de distribuição?
- *Nível tático*: Como o sistema de distribuição pode ser utilizado da melhor maneira possível?
- *Nível operacional*: Como fazer as mercadorias saírem?

As decisões a serem tomadas nesses três níveis são de capital importância para a obtenção de vantagem competitiva no mercado, de forma a garantir não somente a lucratividade, mas a sobrevivência da empresa. As perguntas cruciais a serem respondidas são:

- Qual será a demanda futura em um dado mercado?
- O que, quanto e onde comprar insumos e componentes?
- Qual a capacidade produtiva, localização e quantidade das fábricas e centros de distribuição (CD's) regionais?
- Que produtos cada fábrica produzirá?
- Que clientes ou mercados cada CD deverá suprir?
- Que modais de transporte serão usados no suprimento e distribuição?
- Terceirizar ou não as operações?

As respostas a essas perguntas não são simples e muito menos podem ser aleatórias, uma vez que envolvem investimentos. Comumente são utilizados modelos matemáticos conhecidos como "modelos locacionais", cuja base é o confronto das matrizes de oferta e de demanda de determinado conjunto de elementos significantes por região proposta. A multiplicação dessas matrizes indicará cientificamente a localização ideal.

Estruturas organizacionais e estratégias da DFI

Com base no modelo desenvolvido por Kotabe e Helsen (2000), devido à abrangência das operações realizadas em diferentes regiões do planeta e à diversificação do *mix* de produtos, a definição de uma estrutura organizacional focada na distribuição física internacional pode assumir diferentes formas. As estruturas organizacionais mais comumente empregadas são as seguintes:

- *divisão internacional* – estrutura separada das atividades domésticas. Mais adequada quando há pouca diversidade de produtos, a exemplo da Petrobras;
- *famílias de produtos* – fábricas-foco, instaladas de acordo com a vocação regional, cada uma delas orientada para a produção de determinados grupos de produtos. Por exemplo: um automóvel Fiat montado no Brasil, com a bomba d'água fabricada na Argentina, o motor do limpador de para-brisa fabricado na Itália e o computador de bordo fabricado na Irlanda;
- *geográfica* – estabelecida para determinados países ou regiões, de acordo com sua importância ou peculiaridades. Por exemplo: GM do Brasil, GM do México, GM da Inglaterra etc.;
- *matricial* – estrutura complexa, com uma cadeia de duplo comando (por família e geográfica). Destina-se a pensar de forma global, porém com ações direcionadas às peculiaridades locais. Por exemplo: a estrutura mundial da IBM;
- *rede transnacional global* – comumente há um comando central, com subsidiárias semi-independentes em diferentes países. Por exemplo: Mc Donald's.

De acordo com o tipo de estrutura definido, além da estratégia mais simples e comum – exportação –, as principais estratégias da distribuição física global costumam envolver investimentos em solo estrangeiro, comumente sendo utilizados para esta finalidade os seguintes modelos de negócios:

- franquias e licenciamentos – franquias são específicas para o comércio. Licenciamentos referem-se à atividade industrial. Diferentemente da exportação, são contratos firmados com empresas locais para a cessão de *know-how*, processos, uso de marca e patentes etc., em troca do pagamento de royalties. Demandam poucos recursos e contornam barreiras protecionistas, dando acesso a mercados fechados; geram receitas pequenas. Esse modelo é indicado para empresas com pouca disponibilidade financeira ou pouco desejo de investir. Pode favorecer algum potencial futuro concorrente, com o risco de perda da marca nesse local. Por exemplo: Nike, HP, Nokia etc.;
- *joint ventures* – implicam compartilhar com um grupo local o capital investido e os riscos do negócio, formando um novo empreendimento sem, contudo, envolver participações acionárias. O parceiro local pode oferecer o conhecimento da legislação, cultura, peculiaridades e facilidades locais, bem como facilitar acesso à rede de distribuição. Garantem retorno do capital e controle maiores que no licenciamento, gerando grande sinergia com o país hospedeiro. Por exemplo: a Mitsubishi no Brasil é associada à Souza Ramos;
- fábricas-foco – instalação de fábricas em diferentes regiões ou países, cada uma especializada em determinada família de produtos. Comumente esse modelo se destina à distribuição global para abastecer as subsidiárias integrais. Demanda grandes recursos e gera grandes receitas, sobretudo com o intercâmbio de componentes com outras empresas pertencentes ao mesmo grupo transnacional. É indicado para entrantes precoces nos mercados em crescimento. Por exemplo: o Ford

Fiesta produzido na Europa, tem componentes fabricados em instalações da própria Ford na Irlanda, na Inglaterra, na França e na Alemanha, mas a montagem final é feita em outras plantas, situadas na Inglaterra, na Espanha e na Alemanha;
- subsidiárias integrais – o modelo consiste na implantação de novas montadoras, cujas operações iniciam do zero em alguma região, montando diferentes famílias de produtos, a partir do recebimento de componentes enviados por fábricas--foco. Consome elevados recursos e oferece risco total, mas mantém o controle absoluto do patrimônio da marca em solo estrangeiro. Exige boas relações governamentais e gera forte integração com o mercado local. Este modelo é indicado para entrantes precoces nos mercados em crescimento. Exemplo: a montadora Peugeot-Citroen no Brasil;
- fusões e aquisições – nesse modelo, em vez de implantar sua própria estrutura a partir do zero, o novo entrante adquire uma empresa já existente no local, podendo começar a operar de imediato, agregando marcas locais à sua própria. Há riscos de choque cultural, aquisição de fábricas obsoletas, elevadas dívidas trabalhistas ocultas e xenofobia. É a opção mais indicada para entrantes tardios em determinado mercado. Em alguns casos torna-se difícil distinguir claramente as situações de fusão e aquisição. Porém, um bom exemplo de fusão é o processo no qual a Brahma e a Antarctica encerraram juridicamente suas atividades, fundindo seus ativos para gerar uma nova personalidade jurídica: a Ambev. Já como aquisição, um dos casos recentes mais bem definidos é a aquisição do Banco Real pelo Santander.

No caso da implantação de plantas fabris no exterior, é obrigatório considerar a necessidade de enviar executivos da matriz para se fixarem no país-alvo, de maneira a garantir o controle sobre a implantação da empresa em solo estrangeiro (Rodrigues,

2007b). A seguir, serão apresentadas as principais vantagens e as dificuldades dos executivos expatriados.

Vantagens:

- melhor comunicação com o escritório central;
- familiaridade com os produtos;
- treinamento dos futuros gerentes locais.

Dificuldades:

- necessidade de treinamento intercultural;
- nível de remuneração adequado e *fringe benefits*;
- problemas no âmbito familiar do executivo;
- tempo fora da sede;
- preocupações de ordem financeira quanto a novas oportunidades de carreira por ocasião do retorno do executivo à matriz ou ao lugar a partir do qual foi expatriado.

Fatores que afetam o custo da distribuição física internacional (DFI)

Segundo Rodrigues (2007b), alguns fatores influenciam a composição de custos na distribuição física internacional e podem, inclusive, inviabilizá-la. Mesmo não podendo ser enquadrados diretamente como elementos de custo, os seguintes aspectos da DFI devem ser rigorosamente avaliados e controlados:

- distância – é um dos principais elementos no custo de transporte. Além dos valores relativos a frete e seguros, aumenta o *lead time*, isto é, tempo decorrido entre o início do processo de compra até a chegada efetiva da mercadoria adquirida, e o nível de estoques;
- tamanho do lote – o custo por unidade transportada diminui à medida que aumenta o tamanho do lote (*trade-off*);

- densidade da carga – relação entre o volume e o peso da carga, também conhecida como fator de estiva, expressa em metros cúbicos por tonelada (m³/t), no sistema métrico decimal, ou em pés cúbicos por tonelada curta, no sistema inglês de medidas (*cuf/on*);
- acondicionamento – medidas unitárias dos volumes de carga e sua relação com o aproveitamento do espaço nos equipamentos de transporte;
- movimentação – o tipo específico de equipamento e o tempo médio necessários à realização das operações de carga e descarga determinam a amplitude dos custos de movimentação;
- valor do frete – o valor dos fretes internacionais é afetado pelas leis da economia, ou seja, pela relação entre oferta e demanda de serviços de transporte internacional, pela intensidade e sentido dos fluxos de tráfego, bem como pela sazonalidade, nas situações em que isto se aplica, como no caso das commodities;
- responsabilidade – diretamente relacionada a riscos de sinistros, avarias, extravios, deterioração, furtos ou roubos. Na prática envolve o custo das apólices de seguros.

Além dos aspectos técnicos levados em conta para a definição das estratégias de distribuição internacional, devem ainda ser considerados os seguintes aspectos políticos:

- restrições a importações de produtos originários de países que desrespeitam direitos humanos;
- restrições a investimentos do capital estrangeiro;
- fomento (incentivos) a alguns setores econômicos;
- salvaguarda de empregos locais e percentual admitido de estrangeiros;
- licenças prévias, regulamentos fitossanitários, padrões mínimos de desempenho e segurança.

Segundo Dornier e colaboradores (2000), para obter vantagem competitiva nas guerras comerciais travadas diariamente no mercado internacional, as principais questões estratégicas a serem observadas são:

- adequada configuração da cadeia de suprimento;
- alianças e parcerias colaborativas;
- terceirizações de atividades fora do *core business* (competência central);
- utilização de operadores logísticos;
- definição do sistema e dos modais de transportes;
- escolha dos canais de distribuição;
- adequação da tecnologia de informação e sistemas de suporte à decisão;
- gestão estratégica de demanda, compras, produção e vendas.

Além de todas as considerações a serem feitas sobre a diversidade dos povos, outras dificuldades se apresentam como desafios, capazes de elevar os custos a tal ponto que sejam capazes de inviabilizar a entrada de alguns produtos em dado mercado. Pode-se citar, por exemplo:

- distância do Brasil em relação aos grandes centros de negócios internacionais;
- excesso de burocracia e elevada carga tributária no Brasil;
- concorrência dos conglomerados transnacionais;
- consumidores cada vez mais exigentes com relação à qualidade e ao nível de serviço;
- economia de escala *versus* customização, sendo imperioso produzir em massa simultaneamente à fragmentação e especialização dos processos;
- ambientes protecionistas e subsídios;
- logística reversa;
- certificações específicas.

Incoterms

Segundo a Câmara de Comércio Internacional (CCI), uma das regras do comércio exterior é que sempre haja um contrato de compra e venda entre o exportador e o importador, contendo detalhes da negociação, como quantidade, peso, moeda e valor, condição de pagamento etc. Mas isso não é suficiente se não indicar quem arcará com as despesas e responsabilidades, desde a saída da empresa exportadora até a chegada às dependências do importador.

Em razão do desenvolvimento do comércio mundial, e para administrar conflitos oriundos da interpretação de contratos internacionais firmados entre exportadores e importadores, a CCI, sediada em Paris, da qual o Brasil é signatário, criou, em 1936, termos internacionais que deveriam ser utilizados nos contratos entre os exportadores e importadores, com objetivo de definir quem seria o responsável pelas contratações e pagamento das despesas operacionais, bem como as responsabilidades sobre perdas e danos.

Oficialmente, em 1953, a convenção foi estabelecida com o nome de Incoterms-53. Desde então foram realizadas várias revisões, sendo a mais recente em 2010 (Incoterms-2010), com aplicação a partir de janeiro de 2011. De acordo com a CCI brochura 715-E (2010), os 11 novos termos passaram a ser:

- *ex-works* (EXW) – mercadoria à disposição do comprador em fábricas, usinas, plantações, armazéns, ficando todas as despesas com a remoção até o destino final, no exterior, por conta do comprador. Cada termo é sempre seguido da indicação do local de entrega por parte do exportador que será o de retirada para o importador. O vendedor tem a responsabilidade de deixar a mercadoria em condições de ser transportada e com documentação já liberada para a

exportação. Por exemplo, exportação EXW – na fábrica do vendedor, situada no município brasileiro de Porto Velho (RO);
- *free carrier* (FCA) (ponto designado) – o termo indica onde e a quem o exportador deverá entregar a carga, ficando por sua conta as despesas. Se não for possível mencionar um ponto preciso no momento do fechamento do contrato de venda, as partes deverão referir-se ao local ou ao ponto em que o transportador deverá receber, sob sua responsabilidade, a mercadoria entregue pelo exportador. Este Incoterm é muito utilizado no transporte aéreo. Nesse caso, deverá estar vinculado ao nome do aeroporto. Por exemplo, exportação FCA – Viracopos (Campinas, SP);
- *free alongside ship* (FAS) (porto de embarque) – o vendedor tem a responsabilidade de entregar a mercadoria no cais junto ao navio, sob o guindaste. Desse ponto em diante o importador assume todas as despesas e todos os riscos. Esse termo só pode ser utilizado no transporte aquaviário (marítimo, fluvial e lacustre). Por exemplo: exportação FAS – Porto de Santos (SP);
- *free on board* (FOB) (porto de embarque) – o exportador tem a responsabilidade de arcar com todas as despesas até que a mercadoria esteja a bordo do navio. O importador assume as despesas e os riscos a partir deste ponto. Essa cláusula é indicada exclusivamente para transporte aquaviário (marítimo, fluvial e lacustre). Por exemplo: exportação FOB – Porto de Manaus (AM);
- *cost and freight* (CFR) (porto de destino) – obriga o exportador a assumir todas as despesas com a entrega da mercadoria a bordo do navio no porto de embarque, pagamento do frete até o porto de destino, conforme combinado no contrato de compra e venda (*proforma invoice*, por exemplo). Contudo, os riscos cobertos por seguro contratado pelo comprador

se iniciam com a mercadoria a bordo do navio no porto de embarque. Esse termo só pode ser utilizado no transporte aquaviário (marítimo, fluvial e lacustre). Por exemplo, exportação CFR – Hamburgo;
- *delivered at terminal* (DAT) (entregue no terminal) – este termo substitui o DEQ. A mercadoria é entregue ao comprador no destino acordado, com a descarga. Pode ocorrer com embarque em navio. Todos os procedimentos e formalidades de importação são por conta do comprador. Por exemplo, importação DAT – Porto Seco Juiz de Fora (MG);
- *delivered at place* (DAP) (local de destino) – este termo substitui os antigos DAF, DES e DDU. A mercadoria é entregue ao comprador no veículo transportador no destino acordado, sem a descarga. Pode ocorrer em embarque em navio. As formalidades de importação são por conta do comprador. Por exemplo, importação DAT – Porto Seco Santo André (SP);
- *delivered duty paid* (DDP) (local de destino) – aplica-se quando o exportador assume todas as despesas até que a mercadoria seja entregue ao importador no local previamente combinado. Inclui: frete, seguro, impostos, taxas e serviços. Por exemplo, exportação DDP, com entrega na casa do importador, em Manchester (UK);
- *cost, insurance and freight* (CIF) (porto de destino) – o vendedor se obriga a colocar a mercadoria no porto de destino, com frete e seguro previamente pagos. O seguro pago pelo vendedor tem cobertura mínima, de modo que compete ao comprador avaliar a necessidade de efetuar seguro complementar. Esse termo só pode ser usado no transporte aquaviário (marítimo, fluvial e lacustre). Por exemplo, importação CIF – Manaus;
- *carriage paid to* (CPT) (local de destino) – cláusula utilizada para o transporte aéreo ou terrestre. O exportador se obriga a pagar o frete até a mercadoria chegar ao local combinado.

Quaisquer outras despesas correm por conta do comprador. Por exemplo, exportação CPT – aeroporto de Frankfurt;
- *carriage and insurance paid to* (CIP) (local de destino) – nessa cláusula, é incluído o seguro mencionado na cláusula anterior. Por exemplo: exportação CIP – terminal alfandegado em Budapeste (Hungria).

Em razão do American Terms-1941 conter formas de compra e venda diferentes dos padrões internacionais da Câmara de Comércio Internacional, nas negociações com alguma empresa dos Estados Unidos recomenda-se indicar o termo de uso local, acompanhado do Incoterm-2010, CCI-Paris. Por exemplo, exportação FOT (*free on truck*) – terminal São Paulo, SP/FCA – terminal São Paulo, SP.

A venda/compra de mercadorias ao/do exterior pode se tornar um negócio arriscado se exportador e importador não atentarem para detalhes da logística, pois vários procedimentos ocorrerão desde a saída da mercadoria da empresa até sua chegada às mãos do importador. Contratações de serviços e quantificação dos custos devem sempre ser analisadas e, principalmente, deve ser definido quem irá assumir o pagamento de cada um dos elementos de custo, bem como assumir a contratação da apólice de seguro.

Conforme aqui detalhado, a aplicação correta do termo comercial estabelecido entre o vendedor e o comprador é muito relevante, pelo fato de implicar questões relativas à contratação e pagamento de despesas, ou seja, custos que ocorrerão no processo de transferência internacional, conforme veremos na próxima seção.

Custos logísticos

Em qualquer processo de comércio internacional de produtos físicos, o custo logístico acarreta impacto relevante no custo final do produto, podendo influenciar diretamente na competitividade da empresa, principalmente em mercados nos quais a competição é mais acirrada.

De acordo com Lopes (2000), a adoção de conceitos logísticos harmoniza as exigências entre oferta, demanda, produção e distribuição, pressupondo uma abordagem sistêmica da redução de custos. Uma vez que a execução de cada atividade consome tempo e o cliente exige qualidade, os parâmetros que sustentam a eficácia da logística são custo e tempo (parâmetros quantitativos) e qualidade (parâmetro qualitativo).

Segundo Lambert, Stock e Vantine (1998), os custos logísticos refletem como as atividades logísticas estão interligadas às atividades de suprimento, planta e distribuição da organização. Na visão do autor, existe um *trade-off* entre os custos de marketing, logística e distribuição quando se relaciona o composto de marketing (produto, preço, promoção e localização do cliente/ nível de serviço) às operações logísticas (custos de transporte, inventário, lote de pedido, armazenagem, processamento de pedido e informação) e às redes de distribuição (localização do produto/nível de serviço, preço, localização do fornecedor e material/componente adquirido).

Para Ballou (2001), existem três conceitos importantes, intrínsecos aos custos logísticos: compensação de custos, custo total e sistema total.

A compensação de custos é a relação inversamente proporcional entre o custo do estoque (depósitos), de um lado, e o custo do transporte e de processamento de pedidos, do outro.

O custo total é o somatório dos custos que formam sua curva (Ballou, 2001). Este autor reconhece que os custos individuais podem exibir comportamentos conflitantes, devendo ser examinados coletivamente e balanceados no ponto de equilíbrio, onde esse custo total é o mínimo. O sistema total considera todos os fatores afetados de alguma forma após a decisão tomada, já que se preocupa com a relação interorganizacional, considerando a expansão das fronteiras da gestão do ciclo de suprimento, além dos limites organizacionais.

O quadro 1 apresenta a classificação e a finalidade da informação sobre custos logísticos:

Quadro 1
CLASSIFICAÇÃO E FINALIDADE DOS CUSTOS LOGÍSTICOS

Finalidade da informação	Classificação dos custos logísticos
Quanto ao relacionamento do objeto	Diretos e indiretos
Quanto ao comportamento diante do volume de atividade	Variáveis e fixos
Quanto ao relacionamento com o processo de gestão	Controláveis e não controláveis Custos de oportunidade Custos relevantes Custos irrecuperáveis Custos incrementais ou diferenciais Custos ocultos Custo-padrão Custo-meta Custo *kaizen* Custo do ciclo de vida

Fonte: Faria e Costa (2005).

Conforme Faria e Costa (2005), os custos logísticos devem ser gerenciados segundo os preceitos da logística integrada, de forma global, observando-se sempre seus impactos no resultado econômico da organização e atendendo-se ao nível de serviço requerido pelos clientes. Para apurar os custos logísticos totais, devem-se somar os seguintes elementos:

❏ CAM *(custos de armazenagem e movimentação de materiais)* – são consideradas as atividades de movimentação de materiais e de produtos, embalagens primárias e acondicionamento dos estoques. Os custos de armazenagem interagem com os custos de transporte ou são influenciados por eles, em função da localização e das quantidades movimentadas;

- *CTRA (custos de transporte)* – incluem todos os modais ou operações intermodais e são influenciados pelos fatores: distância, volume, densidade, facilidade de acondicionamento, facilidade de manuseio, responsabilidade e mercado;
- *CE (custos de embalagens utilizadas no sistema logístico)* – incluem os custos da embalagem secundária utilizada para a movimentação logística. É importante padronizar para garantir que a unitização, manuseio, movimentação e armazenagem intermediária reduzam o custo com o transporte;
- *CMI (custos de manutenção de inventários)* – são considerados todos os custos para que matérias-primas, produtos em processo, produtos acabados e demais materiais estejam disponíveis para o sistema logístico; dependem das decisões da empresa em mantê-los;
- *CTI (custos de tecnologia de informação)* – incluem os custos de emissão e atendimento dos pedidos, de comunicação e transmissão de pedidos, ou seja, custos relativos às entradas, ao processamento e ao acompanhamento de mercadorias que utilizam os sistemas logísticos;
- *CDL (custos decorrentes de lotes)* – envolvem os custos logísticos decorrentes para a preparação de produção (*setup* de máquina, inspeção ou refugo de *setup*), capacidade produtiva perdida e planejamento, manuseio e movimentação de materiais;
- *CTRI (custos tributários não recuperáveis)* – incluem tributos sobre a posse de propriedades, sobre as vendas ou circulação de mercadorias (variando em função da região) que não serão recuperados;
- *CDNS (custos decorrentes do nível de serviço)* – são os custos necessários para atender às necessidades de entrega dos clientes (nível de serviço), tais como: aumento do nível de estoque, envolvimento do pessoal, sistemas de informação;

❏ *CAD (custos da administração logística)* – no caso de existir um gestor que se responsabilize por todos os processos logísticos, seus custos devem ser considerados no cômputo do custo logístico total (CLT).

A partir do somatório dos custos logísticos individuais, tem-se o *custo logístico total* (CLT):

$$CLT = CAM + CTRA + CE + CMI + CTI + CTRI + CDL + CDNS + CAD$$

O CLT também pode ser apurado somando-se os custos dos processos logísticos:

$$CLT = CLOGSup + CLOGPla + CLOGDis$$

onde:
CLOGSup = custos logísticos do suprimento;
CLOGPla = custos logísticos da planta;
CLOGDis = custos logísticos da distribuição.

Para que as empresas exportadoras sejam bem-sucedidas ao adentrar novos mercados, enormes desafios devem ser superados. Após definida a estratégia a ser adotada pela empresa e ter sido tomada a decisão quanto ao novo mercado-alvo, cabe ao profissional de logística internacional definir taticamente os detalhes da operação, com base nas características das mercadorias ou produtos a serem transportados, tanto no suprimento quanto na distribuição internacional, utilizando os conceitos e práticas do comércio internacional que serão abordadas no capítulo seguinte.

2

Carga, operadores e terminais

Com o crescimento acelerado do comércio mundial, um aspecto que muito vem contribuindo para a melhoria nos resultados obtidos pelas organizações é o adequado gerenciamento de suas cadeias de suprimentos. Nesse processo, as empresas têm a possibilidade de trabalhar com fornecedores, clientes e mercados de forma integrada. Para que isto seja possível, além de uma estreita parceria colaborativa entre vendedor e comprador, é imprescindível que todas as ações entre os demais atores envolvidos sejam coordenadas de forma harmônica.

Portanto, neste capítulo, iremos conceituar e explicar diferentes aspectos envolvidos no tratamento dado às mercadorias que são vendidas no âmbito do comércio internacional, bem como apresentar e discutir os diferentes tipos de serviço prestados por agentes de carga e transportadores que operam nesse mercado em constante evolução.

Conceitos básicos de cargas

Uma das teorias econômicas conhecidas define que, desde que existam fontes de produção, deve haver também fontes de consumo. Partindo-se desse conceito, o comércio internacional do fim do século XX e nestas primeiras décadas do século XXI, pelas próprias características da globalização, é cada vez mais intenso, devido à produção mais sofisticada, possibilitando competições cada vez mais acirradas. Por essa razão, o transporte internacional deve ser sempre analisado de forma objetiva, em razão da necessidade que o comprador tem de receber o produto que adquiriu no prazo e preço já estipulados e em condições de utilizá-lo na geração de seus negócios.

Para quem vende (exportador) ou compra (importador), o bem negociado é chamado de mercadoria ou produto, e para quem transporta (transportador) é chamado de carga. Grande parte das mercadorias é transportada por via marítima com a proteção de embalagem, cuja finalidade é a de proteger o "bem" contra possíveis riscos de avaria e roubo. Há mercadorias que dispensam esse tratamento (embalagem), em razão de suas peculiaridades. Daí as cargas terem classificações distintas pelos transportadores, ou seja:

- *carga geral*: pode ser transportada por meio de fardos, sacos, amarrados, caixas, tambores, bombonas e caixas. Mercadorias com essas características são chamadas de cargas soltas. Quando transportadas por meio de unidades de carga, como em paletes ou contêineres, são chamadas de cargas unitizadas. O conceito de carga geral também se aplica a veículos, máquinas ou grandes volumes unitários de qualquer natureza;
- *carga a granel*: divide-se em granéis sólidos e granéis líquidos.

De acordo com normas e práticas internacionais, as cargas apresentam as seguintes classificações:

- cargas normais ou convencionais – não demandam maiores cuidados, exceto os de rotina;

- cargas perecíveis – os exportadores devem verificar com as companhias marítimas se existe a possibilidade de ter todas as garantias de que, durante o transporte, os produtos serão mantidos sob a condição de temperatura exigida;
- cargas frágeis – observar todos os cuidados indispensáveis para assegurar sua integridade física;
- cargas de dimensões extraordinárias – verificar as normas de tráfego na região, bem como a disponibilidade de equipamentos especiais para sua movimentação, caso isso seja necessário;
- cargas de pesos excepcionais – observar o limite da capacidade de içamento dos equipamentos utilizados em sua movimentação;
- cargas perigosas – merecem atenção especial quanto à sua correta identificação e enquadramento em uma das nove classes a seguir relacionadas (quadro 2), em conformidade com o International Maritime Dangerous Goods (IMDG).

Quadro 2
IDENTIFICAÇÃO DAS CARGAS PERIGOSAS

Classe	Tipo de material
1	Explosivos
2	Gases
3	Líquidos inflamáveis
4	Sólidos inflamáveis
5	Substâncias oxidantes
6	Substâncias venenosas
7	Material radioativo
8	Corrosivos
9	Substâncias perigosas variadas

Fonte: International Maritime Organization, s.n.t.

De acordo com o IMDG, cada produto perigoso tem um número de identificação e um nome próprio que o diferencia de todos os demais, ambos atribuídos pela International Maritime

Organization (IMO). Esse nome e número devem constar em qualquer documento relativo ao produto enquanto carga.

Ao exportar algum produto perigoso, deve-se sempre consultar o transportador para verificar se a embalagem utilizada atende tanto às normas da IMO quanto à legislação do país de destino.

Embalagens

O transportador deve ter conhecimento do tipo e natureza das cargas que terá sob sua responsabilidade, bem como sobre suas embalagens, pois existem convenções internacionais que regem direitos e obrigações, tanto do transportador como do embarcador da carga.

Quando é transportada por meios convencionais, a carga geral necessita de embalagens adequadas para protegê-la contra as intempéries, roubos, furtos e avarias. Apesar de ser imprescindível, o custo da embalagem, muitas vezes, pode reduzir a competitividade do produto, aumentando o volume e o peso da unidade de carga que contém a mercadoria, além das despesas adicionais incorridas com o material da embalagem. O uso do contêiner possibilita uma sensível redução em todos esses custos.

Unitização de cargas

Unitização de cargas é o processo de agregar volumes de carga geral fracionada em uma única unidade, a ser mantida inviolável até seu destino. A unitização tem como objetivo padronizar volumes, facilitando sua arrumação e reduzindo os custos de movimentação. Além do contêiner, já mencionado no item anterior, os demais processos de unitização de cargas são:

❑ *slings*: cintas de náilon ou poliéster descartáveis, utilizadas para agrupar cargas acondicionadas em sacaria, formando um conjunto com alças para içamento;

- paletes: estrados de medidas padronizadas, destinados a suportar cargas, confeccionados em madeira, aço, isopor ou papelão, contendo aberturas de, no mínimo, 12 cm de altura, para possibilitar sua movimentação mecanizada por meio de garfos de empilhadeiras ou paleteiras;
- *big-bags*: grandes sacos, confeccionados em fibra de ráfia, impermeabilizados com revestimento sintético, com soldas eletrônicas em vez de costuras e protegidos contra os raios ultravioleta. Comumente possuem capacidade entre mil e 1.800 kg e se destinam à movimentação de pequenas quantidades de granel sólido.

Cabe observar que o procedimento conhecido como "consolidação" passa pelo mesmo processo físico, mas tem por objetivo viabilizar os fretes internacionais para pequenos lotes de carga. Os agentes de carga (ver na seção "Contêineres") recebem as mercadorias de seus clientes na forma de carga geral fracionada, agrupam-nas fisicamente por destino a fim de serem conteinerizadas, deixando o conjunto inviolável. Para dar a esse conjunto a necessária unidade documental, o agente de carga gera um documento conhecido como B/L *house*. No destino, antes de a carga ser retirada de dentro do contêiner, esse documento é desmembrado, devolvendo-se a individualidade a cada um dos lotes de carga que haviam sido consolidados.

É importante ressaltar, nesse caso, que deverá necessariamente haver compatibilidade entre as diferentes cargas consolidadas em um mesmo contêiner, e a expectativa de que se obtenha um frete proporcionalmente inferior ao que seria se os lotes fossem transportados separadamente.

Com a invenção do contêiner, os navios se modificaram, assim como os portos, que tiveram de investir em terminais portuários e equipamentos apropriados para receber navios que transportassem produtos conteinerizados, o que resultou na mudança das políticas portuárias nos mais diversos países, sendo que, no Brasil, o processo se modificou através da privatização dos portos, conforme veremos a seguir.

Contêineres

O ser humano desenvolve, sem cessar, novos e melhores métodos para realizar suas atividades e ganhar competitividade. A inteligência, aliada ao alto grau de observação e imaginação, possibilita a descoberta, a pesquisa e o desenvolvimento de novas técnicas, que permitem atingir, nas mais diferentes atividades, resultados surpreendentes. Esse constante aprimoramento encontrou, no segmento de transportes, um campo fértil ao seu desenvolvimento, devido ao vertiginoso crescimento do comércio internacional que, devido às dificuldades econômicas e financeiras que vêm assolando o planeta, está exigindo maior racionalização dos sistemas de embalagem e transportes tradicionais.

A necessidade de reduzir custos de transportes e de movimentação e aumentar a segurança e a rapidez operacionais fez surgir uma caixa padronizada, construída em aço, que se tornou a espinha dorsal do transporte intermodal internacional: o contêiner. A partir de então, a unitização de carga passou a ter um conceito simples, ou seja, agrupar diversos volumes pequenos em uma unidade maior, com dimensões padronizadas, fácil de ser manipulada, indevassável, resistente, durável e facilmente identificável.

Projetado para facilitar carga e descarga, o contêiner garante um manejo rápido, eficiente e bem menos oneroso que a chamada carga geral fracionada. Devido à sua imunidade às intempéries, proporciona grande redução nos gastos com embalagens, além de poder ser armazenado em pátios, dispensando o uso de armazéns.

O contêiner é considerado, juridicamente, acessório do equipamento de transporte. Portanto, não se confunde com a embalagem e seu peso e volume externo não são computados no frete. Aliás, a redução no frete ainda é maior, em consequência dos incentivos oferecidos pelas conferências de fretes quando da utilização do mesmo.

Devido às vantagens enumeradas, além da redução do prêmio de seguro, uma vez que o risco de avarias e furtos diminuiu sensivelmente, pode-se afirmar, sem sombra de dúvida, que o contêiner se apresenta, hoje, como o elemento de maior relevo nos intercâmbios nacionais e internacionais.

A utilização de contêineres no Brasil é regida pela Lei nº 4.907, de 17 de dezembro de 1965, e regulamentada pelo Decreto nº 59.136, de 28 de setembro de 1966.

Em 11 de dezembro de 1975, a Lei nº 6.288 (posteriormente revogada pela Lei nº 9.611/1998) configurou a utilização, movimentação, inclusive intermodal, de mercadorias em unidades de carga indivisível (contêineres). O Regime Especial de Trânsito Aduaneiro, por meio do Decreto nº 79.904, de 13 de junho de 1977, também inclui o contêiner como um dos seus beneficiários.

Quase 12 anos após sua configuração jurídica, o contêiner e o transporte intermodal, por meio do Decreto nº 80.107, de 9 de agosto de 1977, passaram a ter uma comissão especial para coordenar, proceder a estudos e promover a harmonia das providências a serem tomadas nas diversas áreas da economia nacional relacionadas com transporte intermodal.

Em 15 de agosto de 1977, o transporte de mercadorias, nacional ou internacional, quando efetuado em cofres de carga (contêineres), passou a ser regulamentado pelo Decreto nº 80.145. Esse decreto é particularmente interessante no que se refere à utilização de equipamentos específicos para o transporte de contêineres.

Finalmente, em 9 de novembro de 1977, a Portaria nº 890 implementou as Instruções do Serviço de Transporte Intermodal de Carga unitizada em contêineres, em complemento ao Decreto nº 80.145 e à Lei nº 6.288. Como se pode observar, apesar de apresentar roupagem jurídica desde 1965, só recentemente é que o contêiner e o transporte multimodal receberam atenção das autoridades no sentido de sua ampla utilização, apesar do interesse que a conteinerização representa para a economia nacional. Atualmente, os contêineres são normalizados pela Associação Brasileira de Normas Técnicas (ABNT), por meio da norma NB-443/1971.

Tipos de contêineres

A diversificação e a flexibilidade dos tipos de contêineres facilitaram e aprimoraram o transporte internacional de mercadorias, tornando-os essenciais para o comércio mundial. Com um volume de aproximadamente 90% da movimentação de mercadorias no tráfego internacional, sua versatilidade para o carregamento de todo tipo de carga, assim como a agilidade para ser colocado e retirado de um navio, a segurança contra chuvas e climas diferenciados, os contêineres se tornaram base fundamental para a logística e o crescimento do mercado mundial. A seguir, apresentamos a tipologia dos contêineres, com imagens de Agility (s.d.).

1. *Carga seca (dry box)*: tipo convencional, é o contêiner mais utilizado no mundo. Foi o primeiro tipo de contêiner a ser criado para acomodar a carga no transporte marítimo. O modelo *dry box* é completamente fechado e possui portas nos fundos para facilitar a entrada e saída da carga a ser embarcada. Pode ter portas laterais para uso em ferrovias.

Aplicações: carga seca, vestuário em geral, granéis e carga úmida, devidamente embalada.

- **High cubic**: é bastante semelhante ao contêiner *dry box*. O que os distingue é a altura – o contêiner com 9'06" de altura é conhecido como *high cubic* ou HC e possui um pé a mais, somando um total de 2,89 metros. Essa característica permite colocar mais carga em seu interior, detalhe que faz dele um equipamento bastante atrativo para os clientes.

- **Ventilado**: bastante utilizado para cargas que requerem circulação de ar em seu interior. Possui, em sua estrutura, tanto na parte inferior como nas laterais, pequenos orifícios que permitem a entrada de ar no equipamento. Bastante recomendado para o embarque de café, cacau e outros produtos passíveis de avaria por condensação.

- **Frigorífico (reefer)**: equipamento fechado, isolado e equipado com um sistema de refrigeração, que possibilita manter a carga dentro da faixa de temperatura adequada às suas necessidades. Suas portas são reforçadas e é revestido por aço inoxidável. Para que a refrigeração seja acionada, o equipamento é ligado diretamente a uma tomada elétrica, podendo também ser utilizado um gerador. Seu revestimento interno tem 10 cm de largura. O contêiner frigorífico é indicado também para mercadorias que requerem controle até seu destino final com algum tipo de resfriamento, sem ser congelada, a exemplo de chocolates, suprimentos de informática, filmes e chapas de raios-X, entre outros.

- *Aberto*: plataforma simples com colunas nos cantos e barras diagonais de reforço. Aplicações: chapas, tubos, perfis e vidros.
- *Graneleiro*: contêiner completamente fechado lateralmente e com aberturas no teto e bocal para descarregamento no assoalho, bastante utilizado no transporte de produtos agrícolas. Possui escotilhas no teto para o carregamento, assim como em suas laterais para realizar o descarregamento da mercadoria em seu interior.
- *Teto aberto (open top)*: contêiner sem teto e comumente utilizado para transportar cargas cuja entrada pelos fundos do equipamento é dificultada devido a sua altura. Possui travessa de sustentação e uma lona. Exemplo de cargas: mármore, grandes máquinas ou vidro que não consegue ser carregado através das portas.

- *Open side*: esse tipo de equipamento não possui uma parede lateral, ou seja, possui somente três laterais, pois é indicado para cargas que excedem a largura. Exemplo: animais.

- *Flat rack*: contêiner sem paredes laterais e teto. Recomendado para cargas grandes e muito pesadas. Trata-se de uma mistura entre o contêiner *open top* e *open side*, uma vez que as cabeceiras podem ser fixas ou móveis. É indicado para o transporte internacional de cabos, veículos pesados, chapas de aço, bobinas de aço, entre outros produtos.

- *Plataforma*: contêiner que possui apenas o piso, sem paredes laterais, cabeceiras e teto. Adequado para cargas pesadas e com grandes dimensões. As plataformas são ideais para operações *roll-on/roll-off*, isto é, operações em que o carregamento e a descarga ocorrem com a carga rodando, seja a mesma autopropulsada ou rebocada. As plataformas são também utilizadas no transporte de máquinas ou grandes volumes unitários que não possam ser colocados em nenhum outro tipo de contêiner. Possui versões de 20 e de 40 pés.

❏ *Tanque*: projetado para qualquer tipo de líquido, com revestimento especial para corrosivos. Aplicações: óleos, sucos, produtos químicos.

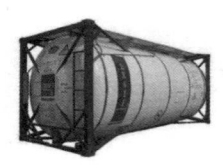

A padronização internacional dos contêineres começou a ser feita pela International Organization for Standardization (ISO). Ao longo do tempo, a maioria dos países foi adotando como padrão as especificações e dimensões propostas pela ISO, o que facilitou sua intercambialidade, bem como a construção de navios, caminhões etc. para seu transporte de guindastes e equipamentos apropriados para seu embarque, desembarque e movimentação.

No Brasil, as normas da ISO foram adotadas pela Associação Brasileira de Normas Técnicas (ABNT), que, em 1971, emitiu as primeiras normas relativas ao contêiner, sua terminologia, classificação, dimensões, especificações etc.

O Instituto Nacional de Metrologia, Normalização e Qualidade Industrial (Inmetro) é o órgão brasileiro responsável pelas adaptações das normas da ISO, bem como por emitir certificados de qualidade de contêineres.

De acordo com as regras ISO, as principais medidas dos contêineres são as constantes do quadro 3.

Cabe observar que a referência *twenty equivalent unit* (TEU) é adotada internacionalmente como medida de capacidade para contêineres equivalente a um contêiner de 20 pés, ou seja, um contêiner de 40 pés equivale a 2 TEU ou a um *forty equivalent unit* (FEU).

Quadro 3
MEDIDAS DOS CONTÊINERES, DE ACORDO COM OS PADRÕES ISO

Comprimento	Largura	Altura
10'	8'	8' - 8'06" - 9' - 9'06"
20'	8'	8' - 8'06" - 9' - 9'06"
40'	8'	8' - 8'06" - 9' - 9'06"

Fonte: International Standartization Organization.

Cada contêiner é identificado por um número, registrado no Bureau International of Containers (BIC). Esse número é composto pelos seguintes elementos:

- código do proprietário, composto por quatro letras, sendo que a última é sempre U (*unit*);
- número de série sequencial, com seis algarismos arábicos (até 999999);
- dígito verificador, com um algarismo.

Após terem sido apresentados os tipos de contêineres, bem como a padronização internacional de suas medidas, a seguir iremos discorrer sobre os tipos de movimentação de contêineres e alguns cuidados a serem observados neste processo.

Tipos de movimentação

1. *House to house* – quando a mercadoria é colocada no contêiner nas instalações do exportador e desovada no pátio do consignatário.
2. *Pier to pier* – o contêiner é utilizado no transporte apenas entre os dois terminais marítimos.
3. *Pier to house* e/ou *house to pier* – primeiro caso: mercadoria armazenada em terminal marítimo e, ao ser embarcada, é colocada em contêiner, por conveniência do navio ou

solicitação do exportador; só será retirada do contêiner nas dependências do consignatário. Segundo caso: quando a mercadoria sai das instalações do exportador em contêiner e, por qualquer motivo, é desovada no terminal marítimo e não nas dependências do consignatário.

O contêiner, por sua concepção, é imune às intempéries. Mas, apesar de adequadamente vedado, não pode evitar a ação da umidade do ar e da própria carga. Os problemas sérios são decorrentes da própria carga e podem provocar graves danos por aparecimento de fungos (mofo) e/ou desidratação da carga e seu apodrecimento. A umidade na parte interna do contêiner pode sofrer condensação, isto é, um contêiner em convés, dependendo da insolação, pode apresentar uma temperatura interna de 40º a 70º C e, ao sofrer queda de temperatura para abaixo de 10º C (à noite), pode atingir a saturação (umidade relativa de 100%), e esta umidade condensar-se sob a forma de orvalho. Portanto, não é recomendável a utilização de contêineres convencionais para transporte de mercadorias desidratáveis.

Existem mercadorias delicadas ou sensíveis à umidade. Neste caso, é recomendável que estas sejam acondicionadas em embalagens de baixa permeabilidade, de preferência polipropileno, juntamente com sacos pequenos de sílica gel ou algum outro tipo de substância secante, capaz de garantir a absorção de umidade. Alguns contêineres são dotados de sistemas de ventilação e desumidificação, mas estes devem ser utilizados apenas para cargas sensíveis à umidade e nunca para cargas desidratáveis.

Durante o transporte terrestre, o contêiner sofre o impacto de vibrações, acelerações, frenagens, oscilações e choques. Nas vias marítimas, as oscilações são constantes; portanto, a carga deve estar sempre convenientemente acondicionada, de maneira a absorver os esforços decorrentes de tais fenômenos físicos.

Uma das maneiras de garantir essa proteção é a utilização de um processo conhecido como unitização de cargas.

Lei de modernização dos portos brasileiros

O art. 21 da Constituição Federal determina que o governo federal detenha monopólio sobre a exploração portuária no Brasil. Esse ordenamento jurídico apenas reproduz a maneira como o assunto vem sendo tratado desde a chegada da família real portuguesa ao Brasil e a abertura dos portos às nações amigas. A primeira grande mudança no sistema portuário brasileiro ocorreu com a Lei nº 8.630/1993, de 25 de fevereiro de 1993. A novidade foi a orientação da lei para que as áreas portuárias fossem arrendadas à iniciativa privada, que passaria a executar operações portuárias sob concessão. Esse novo modelo de gestão portuária teve início com a privatização do terminal de contêineres (Tecon) da margem esquerda do porto de Santos, em 25 de setembro de 2007. Daí em diante, o mesmo procedimento foi sendo adotado pelos demais portos do país.

Dada a evolução do comércio exterior do país, alterações se fizeram necessárias, sendo a mais recente por meio da Lei nº 12.815, de 5 de junho de 2013.

Definições segundo a Lei dos Portos (Lei nº 12.815, de 5 de junho de 2013)

Para efeito da Lei dos Portos (art. 1º), consideram-se:

I- Porto organizado: o construído e aparelhado para atender às necessidades da navegação, da movimentação de passageiros ou da movimentação e armazenagem de mercadorias, concedido ou explorado pela União, cujo tráfego e operações portuárias estejam sob a jurisdição de uma autoridade portuária; (Redação dada pela Lei nº 11.314 de 2006)

II- Operação portuária: a de movimentação de passageiros ou a de movimentação ou armazenagem de mercadorias, destinados ou provenientes de transporte aquaviário, realizada no porto organizado por operadores portuários;

III- Operador portuário: a pessoa jurídica pré-qualificada [pela autoridade portuária] para a execução de operação portuária na área do porto organizado; [Cabe aos operadores portuários executar as operações portuárias previstas em lei, que, por seus métodos de movimentação, suas características de automação ou mecanização, não requeiram a utilização de mão de obra ou possam ser executadas exclusivamente pela própria tripulação das embarcações.]

IV- Área do porto organizado [definida por decreto federal]: a compreendida pelas instalações portuárias, quais sejam, ancoradouros, docas, cais, pontes e *piers* de atracação e acostagem, terrenos, armazéns, edificações e vias de circulação interna, bem como pela infraestrutura de proteção e acesso aquaviário ao porto tais como guias-correntes, quebra-mares, eclusas, canais, bacias de evolução e áreas de fundeio que devam ser mantidas pela administração do porto [...];

V- Instalação portuária de uso privativo: a explorada por pessoa jurídica de direito público ou privado, [mediante outorga de concessão,] dentro ou fora da área do porto, utilizada na movimentação de passageiros ou na movimentação ou armazenagem de mercadorias destinadas ou provenientes de transporte aquaviário; (Redação dada pela Lei nº 11.314 de 2006)

VI- Estação de transbordo de cargas: a situada fora da área do porto, utilizada, exclusivamente, para operação de transbordo de cargas destinadas ou provenientes da navegação interior; (Incluído pela Lei nº 11.518, de 2007)

Gestão de mão de obra do trabalho portuário avulso

Segundo a Lei nº 12.815/2013, em seu art. 32:

Os operadores portuários devem constituir em cada porto organizado um órgão de gestão de mão de obra do trabalho portuário, destinado a:

I - administrar o fornecimento da mão de obra do trabalhador portuário e do trabalhador portuário avulso;

II - manter, com exclusividade, o cadastro do trabalhador portuário e o registro do trabalhador portuário avulso;

III - treinar e habilitar profissionalmente o trabalhador portuário, inscrevendo-o no cadastro;

IV - selecionar e registrar o trabalhador portuário avulso;

V - estabelecer o número de vagas, a forma e a periodicidade para acesso ao registro do trabalhador portuário avulso;

VI - expedir os documentos de identificação do trabalhador portuário; e

VII - arrecadar e repassar aos beneficiários os valores devidos pelos operadores portuários relativos à remuneração do trabalhador portuário avulso e aos correspondentes encargos fiscais, sociais e previdenciários.

Trabalho portuário

O trabalho portuário nos portos organizados é composto por capatazia, estiva, conferência de carga, conserto de carga, bloco e vigilância de embarcações. Estes serviços eram tradicionalmente realizados por trabalhadores portuários avulsos vinculados aos respectivos sindicatos, porém, com o advento da Lei nº 12.815/2013, passou também a ser realizado por trabalhadores portuários com vínculo empregatício por prazo indeterminado (art. 40).

A legislação em vigor determina que

"a contratação de trabalhadores portuários de capatazia, estiva, conferência de carga, conserto de carga e vigilância de embarcações com vínculo empregatício a prazo indeterminado seja feita, exclusivamente, dentre os trabalhadores portuários avulsos registrados" (Lei nº 12.815/2013, art. 40, §2º).

Órgão Gestor da Mão de obra (Ogmo)

Compete ao Ogmo, de acordo com a Lei nº 12.815/2013 (art. 33):

I - aplicar, quando couber, normas disciplinares previstas em lei, contrato, convenção ou acordo coletivo de trabalho, no caso de transgressão disciplinar, as seguintes penalidades:
a) repreensão verbal ou por escrito;
b) suspensão do registro pelo período de 10 (dez) a 30 (trinta) dias; ou
c) cancelamento do registro;
II - promover:
a) a formação profissional do trabalhador portuário e do trabalhador portuário avulso, adequando-a aos modernos processos de movimentação de carga e de operação de aparelhos e equipamentos portuários;
b) o treinamento multifuncional do trabalhador portuário e do trabalhador portuário avulso; e
c) a criação de programas de realocação e de cancelamento do registro, sem ônus para o trabalhador;
III - arrecadar e repassar aos beneficiários contribuições destinadas a incentivar o cancelamento do registro e a aposentadoria voluntária;
IV - arrecadar as contribuições destinadas ao custeio do órgão;
V - zelar pelas normas de saúde, higiene e segurança no trabalho portuário avulso; e
VI - submeter à administração do porto propostas para aprimoramento da operação portuária e valorização econômica do porto.

Decorridos 20 anos da promulgação da Lei nº 8.630/1993 e considerando a evolução do comércio exterior brasileiro, através da Lei nº 12.815/2013, o governo manteve os conceitos básicos introduzidos pela lei de 1993, alterou alguns artigos e vetou diversas das propostas contidas na MP nº 595/2013. Como o assunto ainda requer regulamentação, sugerimos ao leitor atualizar-se regularmente sobre as decisões que vierem a ser tomadas, principalmente pelo fato de que, até este momento, não há previsão de novos investimentos por parte da iniciativa privada e o tempo de implantação de novos portos demandará pelo menos cinco anos.

Operadores logísticos internacionais

Com objetivo a atender ao consumidor final mais eficientemente, tanto pela redução de custos logísticos quanto pelo incremento de maior valor aos produtos e serviços, a tendência gerencial em terceirizar atividades logísticas (*outsourcing*) é uma estratégia usada adequadamente para obter maior flexibilidade e eficiência para responder às mudanças do mercado, reduzir custos com a melhoria dos processos, incorporar novas tecnologias e focalizar-se no negócio principal da empresa. O resultado dessa tendência é o crescimento da indústria de prestadores de serviços logísticos internacionais.

De acordo com pesquisa realizada por Fleury e Ribeiro (2001), empresas brasileiras têm evoluído nessa prática e o mercado de logística no país tem estimulado grandes prestadoras internacionais de serviços logísticos a atuar no país, seja associando-se as empresas locais, seja por meio de fusões.

O crescimento desse mercado faz surgirem diversas possibilidades de terceirização das atividades logísticas e, como consequência, diferentes tipos de relacionamento entre prestadores de serviços e contratantes. Esse aspecto impõe ao especialista em comércio exterior a necessidade de atualização em conceitos, conhecimento do escopo de atuação, metodologias e critérios para escolha, seleção e contratação desses prestadores de serviço.

Com a evolução do conceito de logística, empresas prestadoras de serviços logísticos têm recebido diversas denominações, resultantes da evolução no escopo das várias atividades logísticas provocadas pelo crescente nível de exigência dos contratantes. Na revisão bibliográfica foram identificadas as seguintes denominações: provedores de serviços logísticos terceirizados (*third-party logistics providers*), empresas de logística contratadas (*contract logistics companies*), provedores de logística integrada (*integrated logistics providers*) e operadores logísticos (*logistics operators*). A seguir, detalham-se essas denominações.

Para Gardner e Johnson (1994 apud Fleury e Ribeiro, 2001), as denominações "provedores de serviços logísticos terceirizados" (*third-party logistics providers*) e "empresas de logística contratadas" (*contract logistics companies*) foram as mais utilizadas até o início da década de 1980 para representar a subcontratação de atividades do processo logístico por período determinado, sem incluir atividades de gerenciamento, análise e projeto.

A partir da década de 1980, com a introdução do conceito de logística integrada e com ênfase no relacionamento com fornecedores baseado no compartilhamento de informações e decisões, surgiu a denominação "provedores de logística integrada" (*integrated logistics providers*) para caracterizar prestadores de um conjunto de serviços logísticos integrados, com responsabilidade de desenvolver atividades de gerenciamento, análise e projeto.

Na década de 1990, foi introduzido o conceito de *supply chain management*: planejamento estratégico, integração, coordenação e execução de negócios na cadeia de suprimentos, no longo prazo, envolvendo parcerias entre marketing, compras, produção, documentação, distribuição física e pós-venda, de forma a obter vantagem competitiva junto a clientes internacionais em uma conjuntura sujeita a rápidas alterações.

Devido à ênfase na reestruturação do relacionamento entre compradores e fornecedores, com vista à formação de parcerias, foi criado o termo "operador logístico", que passou a ser usado para designar os prestadores de serviços logísticos integrados que gerenciam parte ou todas as atividades logísticas de seus clientes, envolvendo controle de estoques, armazenagem e gestão de transportes.

Na mesma linha, Fleury (2000) conceitua operador logístico como um fornecedor de serviços logísticos, capaz de atender a todas ou quase todas as necessidades logísticas de seus clientes, de forma personalizada. Por definição, o mesmo autor ressalta que nem todos os fornecedores de serviços logísticos podem ser considerados operadores logísticos, pois existem características que os diferenciam dos prestadores de serviços especializados.

Na literatura, você, leitor, identificará divergências quanto à denominação, escopo e forma de atuação dos prestadores de serviços logísticos. Para efeito didático, optamos por valorizar a abordagem de integração estratégica, portanto, a terminologia operador logístico. A figura 1 mostra a evolução do conceito e do escopo de serviços logísticos ofertados pelas empresas de serviços logísticos e pelos operadores logísticos.

Entre 1985 e 1995, a ênfase dos contratos logísticos concentrou-se numa única função: transporte/distribuição. Entre 1995 e 2000, o principal escopo da terceirização de serviços solicitados baseou-se na capacidade de ofertar múltiplas funções logísticas. A partir do ano 2000, a consolidação de alianças estratégicas, a evolução da tecnologia de informação (TI) e a disponibilização da informação e do conhecimento contribuíram para a importância do gerenciamento da cadeia de suprimentos. Com isso, o principal atributo esperado na prestação de serviços logísticos passou a ser a oferta de múltiplas funções logísticas integradas.

Figura 1
EVOLUÇÃO E TENDÊNCIAS DO MERCADO DE SERVIÇOS LOGÍSTICOS

Análise do mercado... Tendências			
O mercado de serviços logísticos está evoluindo da terceirização logística para a busca de soluções integradas.	Contratos de transporte / distribuição	Terceirização logística	Gerenciamento integrado do *supply chain*
	1985 - 1995	1995 - 2000	2000 +
Serviços	Única função	Múltiplas funções	Multifunções integradas
Relacionamentos	Transacional	Contratos de longo prazo	Alianças estratégicas
Alcance	Local, regional	Multirregional	Global
Cenário Competitivo	Fragmentado	Consolidação / construção de alianças	Pequeno número de grandes alianças
Competências	Ativos pesados, execução de processos	Mudança de foco de ativos para informações	Foco em informação e conhecimento
Valor do comprador	Redução de custos	Expansão geográfica, eliminação de custos	Custo e serviços otimizados

Fonte: Souza (2001, n. p.).

Neste contexto, operador logístico internacional é empresa que atua no planejamento, implementação e controle de todo o processo logístico internacional da empresa exportadora/ importadora, incorporando todas as necessidades logísticas do contratante. É uma organização provedora de serviços logísticos integrados, diferenciando-se das empresas prestadoras de serviços especializados por meio da oferta de uma solução integrada.

Uma análise realizada por Fleury (2000), no Brasil e no exterior, mostrou que são duas as principais fontes para o surgimento de operadores logísticos: ampliação de serviços e diversificação de atividades. A ampliação de serviços se dá quando empresas especializadas em transporte, armazenagem ou informação, através de parcerias ou aquisições, expandem sua atuação para oferecer um serviço ampliado e integrado de logística para seus clientes. São exemplos de ampliação de serviços, no Brasil, empresas tradicionais que originalmente ofereciam somente serviços específicos de armazenagem e transporte, respectivamente, mas atualmente possuem multidiversidade de serviços, tais como: desembaraço e armazenagem alfandegária, sistemas de informações logísticas, monitoramento de cargas, logística reversa, encomendas urgentes e treinamento de pessoal na área de logística. A título ilustrativo, podemos citar Armazéns Columbia e Transportadora Americana.

A diversificação de atividades ocorre quando empresas industriais ou comerciais, por terem desenvolvido alta competência no gerenciamento interno de suas operações logísticas, decidem diversificar suas atividades por meio da criação de empresa prestadora de serviços logísticos integrados, não só para apoiar suas atividades com também para apoiar terceiros. São exemplos de diversificação de atividades no Brasil as empresas: DDF-Danzas, Cotia Trading, Marbo/Martins, Log-in/Companhia Vale do Rio Doce (Vale) e Rumo/Cosan.

O quadro 4 apresenta uma classificação quanto à complexidade e customização dos serviços (físicos e de gestão) ofertados por prestadores de serviços logísticos.

Quadro 4
CLASSIFICAÇÃO DE PROVEDORES DE SERVIÇOS LOGÍSTICOS

Complexidade e customização		Serviços logísticos contratuais físicos	Serviços de logística contratual integrada
	Alta	▫ Transportador contratual dedicado	▫ Armazenagem/transporte integrados
	Serviços físicos	▫ Armazenagem dedicada	▫ Gestão integrada de transportadores e transporte
	Baixa	Serviços básicos ▫ Transporte comum ▫ Armazém público	Serviços logísticos contratuais de gestão ▫ Gestão de tráfego ▫ Gestão de armazém ▫ Gestão da importação / exportação
		Serviços de gestão	
		Baixa	Alta
		Complexidade e customização	

Fonte: Dornier et al.(2000).

Serviços básicos, por não demandarem grande complexidade de administração, tanto de gestão quanto física, são indicados apenas para parcerias setoriais específicas.

Serviços logísticos contratuais físicos proporcionam à empresa manter o controle da gestão, admitindo-se a terceirização de alguns dos seus serviços físicos. São serviços de gestão de baixa complexidade, mas serviços físicos de alta customização.

Serviços de alta complexidade de gestão com baixa customização de serviços físicos são características dos *serviços logísticos contratuais de gestão*. Permitem subcontratar o gerenciamento de um centro de distribuição ou frota de transporte existente.

Os *serviços de logística contratual integrada*, que associam alta customização de serviços físicos com alta complexidade de serviços de gestão, são os mais indicados no estabelecimento de parcerias estratégicas, pela ótica dos prestadores de serviços de logística integrada ou de operador logístico.

Segundo a Associação Brasileira de Movimentação e Logística (ABML), uma empresa só será considerada um operador logístico se for capaz de fornecer, pelo menos, três atividades básicas: controle de estoques, armazenagem e gestão de transportes. A seguir, detalha-se o que se espera de um operador logístico em cada uma dessas atividades.

1. *Controle de estoques* – para desempenhar um controle eficiente de estoques, o operador logístico deve, no mínimo:
   - estabelecer, em conjunto com cada cliente, a política a ser seguida no gerenciamento de seus estoques;
   - controlar com responsabilidade o inventário de seu cliente, especialmente quantidades, localização e valores, utilizando técnicas e meios tecnológicos para acompanhar a evolução dos estoques em tempo real;
   - ser capaz de emitir relatórios periódicos sobre os estoques;
   - assegurar rastreabilidade dos produtos.

2. *Armazenagem* – para prestar os serviços de armazenagem, o operador logístico deve, no mínimo:
- possuir instalações adequadas para a armazenagem;
- estar ciente da legislação e das regras legais;
- ter capacidade de atender às necessidades dos clientes em termos de docas de recebimento e expedição, de equipamentos de movimentação e de sistemas de estantes ou áreas convenientes;
- dispor de uma equipe de colaboradores com funções adequadas e bem-treinada;
- empregar sistema de administração de armazéns adequado a cada caso, incluindo sistemas de impressão e leitura de códigos de barras e de radiofrequência;
- ser capaz de controlar a qualidade tanto no recebimento dos produtos quanto no armazenamento;
- possuir apólices de seguro para as instalações e para os materiais;
- emitir notas fiscais de acordo com a legislação;
- executar unitização (paletização e conteinerização), quando necessário.

3. *Gestão de transportes* – para proporcionar serviços eficientes de gestão de transportes, o operador logístico deve:
- qualificar e homologar transportadoras;
- contratar ou realizar transportes;
- controlar custos através de constante levantamento dos preços de fretes;
- coordenar de forma efetiva a necessidade de utilização das transportadoras;
- conferir e realizar o pagamento de fretes;
- medir e controlar o desempenho das transportadoras diante dos padrões estabelecidos;
- emitir relatórios de acompanhamento do nível de serviço estabelecido, caso a caso.

Uma análise da prática das empresas que atuam como operadores logísticos mostra que as mesmas tendem a oferecer serviços personalizados com múltiplas atividades de forma integrada: armazenagem, estoque e transporte, assim como projeto de planejamento de operações logísticas integradas.

Quanto ao escopo de atividades que podem ser oferecidas pelos operadores logísticos, Lieb e Randall (1996 apud Fleury e Ribeiro, 2001) identificaram 13 diferentes tipos de serviços como os mais comumente executados por essas empresas, quais sejam: gerenciamento de armazém; consolidação de carga; sistemas de informação; operação ou gerenciamento de frota; negociação de frete; seleção de transportadora; emissão de pedido; importação e exportação; retorno de produtos; processamento de pedido; montagem ou instalação de produtos; desconsolidação de produtos para clientes; gestão de estoque e distribuição.

O retorno de produtos é um procedimento denominado logística reversa, que consiste no caminho para o qual a embalagem é direcionada, após a entrega dos materiais, no sentido da reciclagem da mesma. Pode representar também o retorno de produtos enviados de forma incorreta, tais como: erros de documentação, especificação, qualidade, quantidade, prazo, preço etc.

Metodologia e critérios para a escolha de operadores logísticos

Uma análise das estratégias que as empresas têm usado para se tornar mais flexíveis operacionalmente e, ao mesmo tempo, reduzir seus custos e oferecer produtos customizados mostra um crescente uso de terceirização do processo logístico e o uso cada vez maior de operadores logísticos.

Para Dornier e colaboradores (2000), a opção por terceirizar os serviços logísticos deve ser baseada na análise das necessidades logísticas da empresa contratante, da competência básica do operador logístico e da possibilidade de agregar valor através da união. A maior complexidade dessa questão é reconhecer e coligar as atividades que poderão estabelecer e sustentar as competências estratégicas, únicas e distintivas de uma empresa (*core competences*). O relacionamento com os operadores logísticos deve ser caracterizado pelo aspecto colaborativo e interdependente na gestão das operações logísticas. Ainda, segundo os autores, um dos principais pré-requisitos para o estabelecimento de uma parceira de sucesso passa pela compreensão da situação que a empresa apresentava antes do acordo com um operador logístico e das medidas que considera evidentemente relevantes para seu desempenho.

Em um estudo sobre terceirização, Nazário e Abrahão (2002:2) propõem que seja realizada uma série de etapas pela empresa contratante, a fim de aumentar as chances de sucesso do relacionamento no longo prazo. Essas etapas são:

a) formação de uma equipe de planejamento com pessoas diretamente envolvidas no processo de terceirização e que sejam de diferentes áreas funcionais;
b) definição de cronograma prevendo etapas de transição, estabelecendo uma sequência de implementação gradual, objetivando a identificação de falhas;
c) especificação de objetivos de forma clara, tais como: redução de custos, melhoria do nível de serviços, diminuição de ativos, concentração dos recursos no *core competence*;
d) definição de um conjunto de ações a serem alcançadas para viabilizar o alcance dos objetivos propostos.

Na pesquisa em questão, é dada ênfase a uma metodologia baseada no modelo conceitual apresentado por Gardner e Johnson (1994 apud Nazário e Abrahão, 2002:3) para a seleção de operadores logísticos. A seguir, detalha-se cada uma das etapas da referida metodologia.

Etapa 1: Motivação inicial – A empresa reconhece a necessidade de mudanças, identificando a parceria como elemento viabilizador de melhoria das práticas atuais do negócio. Na literatura, os principais fatores motivadores da mudança referenciados são: atuar de forma centralizada em um foco; reduzir o custo fixo; melhorar o nível de serviço; acessar serviços de qualidade de ponta; dividir riscos; obter acesso a recursos internamente indisponíveis; reduzir custos operacionais; fazer evoluir uma relação já existente; obter benefícios estratégicos, administrativos, econômicos e operacionais.

Etapa 2: Análise do ambiente externo – O objetivo nessa etapa é a obtenção de informações mais detalhadas sobre o processo de formação de parcerias, utilizando os resultados obtidos por outras empresas e, principalmente, avaliando a experiência acumulada dos tomadores de decisão e as possibilidades de melhoria e de compatibilidades encontradas no mercado. É importante considerar, nessa análise, os valores e a cultura da organização, com o objetivo de traçar o perfil do parceiro e o modelo dessa integração.

Etapa 3: Seleção do parceiro – A partir de informações coletadas anteriormente, são estabelecidos critérios de escolha dos parceiros. Tais critérios podem ser operacionais, com foco nas operações de distribuição física, e gerenciais, quando a questão central é a análise da capacitação técnica e estratégica.

Etapa 4: Implementação – A fase de implementação é a mais delicada, sendo decidida a concretização da parceria. Nessa fase, ocorre a modificação dos atuais sistemas operacionais individuais para novos processos conjuntos que envolvem, na maioria dos casos, a redefinição do projeto dos sistemas operacionais e gerenciais. Essa fase de transição é fundamental para o sucesso da parceria, pois há uma alteração de processos ótimos individuais para a otimização de processos e sistemas dessa nova organização, que passa a constituir uma cadeia de suprimentos integrada. Melhorar a qualidade do produto (bens e serviços) e do nível de serviço prestado, compartilhar tecnologia e informações, socializar riscos e benefícios e diminuir os custos operacionais da nova cadeia são alguns exemplos de características esperadas com a utilização de parcerias logísticas.

Etapa 5: Avaliação – Etapa em que se analisa o sucesso da parceria em uma perspectiva tanto gerencial quanto operacional. O processo de avaliação é um mecanismo contínuo que proporciona uma retroalimentação às etapas anteriores, fazendo considerações explícitas no que diz respeito à viabilidade da parceria no futuro. O sucesso gerencial da parceria é avaliado como o estado de percepção positiva resultante da avaliação de todos os aspectos envolvidos no relacionamento de parceria entre empresas.

Uma vez detalhadas as etapas para a seleção de operadores logísticos, cabe-nos identificar os critérios por meio dos quais ela é realizada.

Critérios para a seleção de operadores logísticos

A seleção de um operador logístico que possua capacitação para realizar aquilo a que se propõe é uma das formas mais eficazes de obtenção de serviços logísticos. Essa capacitação inclui não só as instalações, os processos e os equipamentos adequados, mas também a tecnologia e a competência técnica e gerencial para atingir seus objetivos qualitativos e quantitativos. A seleção de fornecedores pode ser realizada com base nos seguintes parâmetros, de acordo com Amato e Marinho (2001:32):

- reputação e imagem do fornecedor de serviços logísticos;
- informação disponível de outras empresas que tenham experiência com esse fornecedor;
- informações de entidades de classe;
- teste de qualificação do fornecedor;
- avaliação das instalações do fornecedor, incluindo organização, tecnologia utilizada, análise da capacidade do processo, sistemas de qualidade;
- capacitação tecnológica;
- faturamento anual;
- competência-chave do negócio (*core business*).

Medidas de desempenho

Com o objetivo de estabelecer as condições mínimas para o permanente sucesso na parceria logística, é necessário avaliar a importância da afirmativa de que o princípio do custo total é essencial na administração logística (Bowersox e Closs, 2001). O objetivo vai muito além de um mínimo custo setorial, pois se trata da busca de uma minimização do custo operacional total que proporcione uma parceria estratégica entre a empresa contratante e o operador logístico, através da melhoria contínua de índices de desempenho que traduzam uma performance global melhor para as empresas dessa cadeia de suprimentos.

A ABML considera o uso de medidas de desempenho essencial para que uma empresa possa avaliar os resultados de sua atuação. Para tanto, é necessária a fixação de metas a serem atingidas e de medidas de desempenho a serem calculadas, possibilitando a comparação entre esses valores no dia a dia.

Segundo a ABML (1999:35), os sistemas modernos de desempenho logístico incluem os seguintes elementos:

- monitoração, que abrange o acompanhamento da performance dos processos logísticos em termos de nível de serviços e componentes dos custos logísticos;
- controle, que permite fiscalizar o desempenho ao longo da execução da operação, buscando evidenciar as causas de extrapolação de padrões, tornando o processo logístico apropriado aos modelos estabelecidos;
- direcionamento, visando à motivação das equipes de colaboradores, através de incentivos que busquem os níveis de produtividade exigidos.

Para Amato e Marinho (2001:36), os critérios normalmente utilizados nos sistemas de avaliação podem considerar os seguintes indicadores básicos ou uma combinação deles:

- pontualidade na entrega – medida em número de dias de atraso ou adiantamento no fornecimento;
- correção na quantidade de entrega – precisão na quantidade entregue dividida pela quantidade total;
- qualidade – conformidade com as especificações contratadas;
- conformidade da documentação – envolve notas fiscais, certificados etc.

As medidas de desempenho logístico contemplam parâmetros como: custos de transporte, custos de armazenagem, prazo de entrega, qualidade, preço, tecnologia, tempo de atendimento a pedidos novos, taxa de ocupação de veículos, níveis de estoques, número de devoluções, número de avarias, número de pedidos atendidos, percentual de falhas nas entregas, obsolescência e absenteísmo.

Para Dornier e colaboradores (2000:317), o uso dos operadores logísticos pode permitir a uma empresa:

- penetrar rapidamente em novos mercados;
- diminuir os riscos de investimento financeiro inerentes à posse dos ativos logísticos;
- gerenciar os elos da cadeia de suprimentos numa visão global;
- ter acesso a soluções inovadoras, por exemplo, a utilização de tecnologias de informação, de hardware e software para o gerenciamento e controle de centros de distribuição.

Fleury e Wanke (1997) também relatam os principais benefícios associados ao uso de operadores logísticos, entre eles:

- melhorar níveis de serviço ao cliente;
- melhorar a competitividade na cadeia de suprimentos;
- melhorar indicadores do negócio;
- foco nas capacitações-chave;
- divisão de custos e riscos;
- menores custos de distribuição e manuseio;
- padronização de operações e informações;
- redução nos níveis de estoque.

Entretanto, apesar do potencial de vantagens competitivas identificadas, a utilização estratégica de operadores logísticos não está isenta de problemas e riscos. O primeiro deles é o risco estratégico de perder o acesso às informações-chave do mercado. Ao delegar a terceiros o contato direto entre a empresa e os fornecedores, a contratante corre o risco de perder a sensibilidade de identificar a tempo mudanças no ambiente do negócio. Além disso, ao compartilhar informações estratégicas que proporcionam vantagem competitiva sustentada, a contratante pode perder a diferenciação, já que a empresa de serviço associada pode oferecer o mesmo serviço aos concorrentes da contratante, com o objetivo de cobrir seus custos iniciais de investimento (Dornier et al., 2000).

Outro problema potencial é o risco comercial de a imagem dos produtos da empresa contratante ficar associada a uma empresa de serviços, criando assim uma dependência excessiva da empresa contratante em relação ao operador logístico. Além disso, ao desmantelar suas operações básicas, seus ativos, bancos de dados e sistemas operacionais, a contratante pode pagar um preço excessivamente alto por eventual retorno à situação original (Fleury e Wanke, 1997).

Ao finalizar nossa abordagem relativa à contratação de operadores logísticos, julgamos oportuno e útil analisar aspectos relativos ao ambiente de plataformas logísticas, no qual se encontram empresas e profissionais habilitados a fornecer serviços logísticos internacionais.

Plataformas logísticas

Ao implantar cadeias logísticas internacionais, além da oferta dos diversos modais de transporte, devem-se considerar aspectos relacionados ao agrupamento, localização e organização das empresas envolvidas. Em contexto de competição global, de busca e manutenção de vantagens competitivas nos mercados geograficamente dispersos, objetivos estratégicos de minimizar custos logísticos e maximizar o nível de serviços de atividades logísticas são obtidos por meio da criação de ambientes propícios à concentração de serviços logísticos (Duarte, 2004).

Nesta seção, discutem-se conceitos e práticas na criação e desenvolvimento de plataformas logísticas e apresentam-se alguns exemplos de empreendimentos de sucesso internacionais e projetos nacionais promissores nessa área.

Plataforma logística (PL) é um novo fenômeno estimulado por tendências como globalização de processos de negócios, tecnologia global, colaboração entre empresas e busca de novas soluções de negócios. De acordo com Meidute (2005), esse fenômeno ainda não encontrou consenso na sua terminologia. Exemplos dessa falta de unanimidade na adoção de um termo único são as diversas terminologias utilizadas na Europa: na Inglaterra (*freight-village*), na Itália (*interporto*), na Dinamarca (*transport centre*), na Espanha (*centrales integradas de mercancias* – CIM), na Alemanha (*guterverkehrzentren* – GUZ) e na França (*plateformes logistiques publiques*). Mesmo com a tendência mundial voltada a utilizar o termo "centro logístico" (Estados Unidos, China e Cingapura), no Brasil se obteve relativo consenso ao se adotar o termo "plataforma logística".

O conceito de plataforma logística foi pioneiramente adotado na França, na década de 1960, pelo Groupement Européen D'intérêt Économique (GEIE), no intuito de aperfeiçoar serviços de distribuição prestados de forma desordenada pelos antigos terminais de carga. Segundo o GEIE, plataforma logística é uma zona delimitada onde se realizam atividades logísticas variadas, de âmbito regional, nacional e internacional, por diversos operadores logísticos (Boudouin, 1996).

Para Boudouin (1996:105), "Plataforma Logística é um local onde se reúne tudo que diz respeito à eficiência logística". Nesse sentido, abriga diversos empreendimentos e infraestruturas logísticas, tais como: centros de distribuição, armazéns, estações aduaneiras, terminais retroportuários, ferroviários e rodoviários, tudo plenamente conectado a um robusto sistema de informação e comunicação que desburocratiza e agiliza o trâmite de cargas, para além das fronteiras regionais, estaduais e nacionais, de forma segura e confiável (Duarte, 2009).

Uma plataforma logística deve ser imparcial nas suas relações com empresas participantes e fornecer serviços de interesse mútuo para profisionais e equipamentos. Especialistas recomendam que a plataforma logística deva ser gerenciada por uma única instituição, seja ela de natureza pública ou privada. Os operadores logísticos podem ser proprietários ou arrendatários das instalações. Sua localização deve ser próxima a serviços públicos (energia, luz etc.), de modo que seja facilitada a realização das operações com mais mobilidade (Dubke, Ferreira e Pizzolato, 2004).

Para criar uma plataforma logística, torna-se importante analisar previamente a situação geográfica da região onde a mesma será construída. Como se baseia em relações comerciais regionais, nacionais e internacionais, é preciso saber se o local destinado à implantação da plataforma oferece meios sociais, ambientais, econômicos e tecnológicos favoráveis (bancos, sociedades comerciais e de negócios, atrações turísticas e culturais, hotéis, restaurantes, assistência técnica e garantia de equipamentos etc.). Além disso, é também importante verificar se apresenta interligações com grandes eixos de transportes, tais como modais terrestres (rodovias, ferrovias e dutos) e acessos marítimos, fluviais e aéreos (Duarte, 1999).

Composição de uma plataforma logística

De acordo com Boudouin (1996 apud Duarte, 1999), uma plataforma logística possui três setores com funções especializadas:

- *setor de serviços gerais* – áreas que oferecem aos operadores recepção, informação, hospedagem e alimentação; áreas que disponibilizam aos veículos estacionamento, abastecimento e reparos; e áreas que apoiam as empresas, oferecendo serviços de alfândega, administração e comunicação;
- *setor de transportes* – reúne infraestrutura de modais de transportes. A plataforma deve ser multimodal e integrar os diversos modos rodoviários, ferroviários, marítimos e aéreos;
- *setor destinado aos operadores logísticos* – utilizado para prestação de serviços de fretamento, corretagem, assessoria

comercial e aduaneira, aluguel de equipamentos, armazenagem, transporte e distribuição.

Os modelos de plataformas logísticas, de acordo com pesquisadores, funcionam dentro de uma abordagem sistêmica. Neles são identificadas atividades de entrada, processo e saída. Tal abordagem facilita a gestão ao acelerar os processos. Para exemplificar, pode-se considerar a entrada de um produto nacional a ser exportado na saída do sistema. Durante sua permanência na plataforma logística, esse produto poderá sofrer diversas ações de agregação de valor, tais como embalagem, consolidação e identificação de carga, desembaraço aduaneiro e transporte até o ponto de saída do país, que poderá ser um porto marítimo ou aeroporto internacional, com destino ao cliente final (Duarte, 2004).

Em uma abordagem mais ampla, observa-se que o conceito de plataforma logística essencialmente se constitui de duas partes: como parte da infraestrutura de transporte e como geradora de negócios (Meidute, 2005).

A plataforma logística, como parte da infraestrutura de transporte, é relacionada à "integração" dos diversos modais de transporte, ou seja, parte da cadeia de transporte intermodal ou multimodal. Nesse ponto de vista, uma plataforma logística "integra" diversos elementos logísticos ao proporcionar facilidades em lidar com ineficiências causadas pela flutuação do mercado de frete nacional e internacional.

A plataforma logística, como geradora de negócio, demonstra que a centralização de atividades logísticas cria ambientes propícios e benéficos à ampliação dos negócios. Essa integração dos serviços logísticos gera escala e demanda suficiente para manter atividades logísticas mesmo em condições sazonais.

Para demonstrar a capacidade de uma plataforma logística em não ser somente desenvolvedora de negócios, mas geradora de efeitos e impactos econômicos na região onde se localiza, Meidute (2005:109) lista algumas atividades no âmbito do "espectro de possíveis serviços" passíveis de serem oferecidos:

- cotação para transportadores de carga internacionais;
- reserva de espaço de armazenagem e disponibilidade de capacidade de veículos;
- preparação de documentos comerciais e alfandegários;
- recepção das licenças de exportação;
- preparação de certificados (exemplo: veterinários);
- preparação e recepção de documentos consulares;
- recepção de licenças de exportação;
- preparação dos documentos de transporte e embarque;
- serviços de carga, descarga, embalagem, pesagem etc.;
- seguros;
- recepção de documentos de pagamento e ordens bancárias;
- provisão de serviços de armazenagem;
- transportes intermodais;
- gerenciamento de fundos para transportadores de carga.

Classificação das plataformas logísticas

A classificação de plataformas logísticas considera fundamentalmente o sistema de transporte. De acordo com Dias (2005), classificam-se as plataformas logísticas em unimodais ou intramodais (utilização de um único modal no transbordo) e multimodais ou intermodais (utilização de mais de um modal de transporte).

Nas plataformas logísticas unimodais encontram-se: centros ou terminais rodoviários, centros de distribuição urbana, parques de distribuição e centros de transportes. Dalmau e Antón (2002) analisam possíveis soluções logísticas urbanas para os problemas que dificultam a distribuição e entrega de mercadorias nos grandes centros congestionados, como Barcelona. Exemplo de centro de distribuição urbana é a operação *cross-docking* (doca cruzada) realizada por fornecedores, com distribuição de carga agregada para armazéns intermediários (docas), localizados em cidades-satélites e as consequentes entregas de cargas fracionadas e paletizadas para o comércio varejista. Como exemplo, a empresa Braspress inaugurou filial de 10 mil m² em Jundiaí (SP), abrangendo 22 cidades em torno da cidade de São Paulo, num raio de 60 quilômetros (Portal Transporta Brasil, 2012).

Já nas plataformas logísticas multimodais, de acordo com a Europlatforms EEIG (2004), observa-se a seguinte tipologia:

❑ *zona de atividades logísticas portuárias (ZAL)* – consiste em uma zona da área portuária onde são realizadas operações de intercâmbio de meios de transporte e outras atividades logísticas, comerciais de gestão. São pontos de ligação de redes de diferentes modais de transporte e de convergência de serviços logísticos, como gestão da informação, armazenamento, processamento de pedidos, agrupamento, embalagem, etiquetagem e outros serviços. Além disso, realizam-se operações comerciais, não físicas, de gestão e organização do transporte (GS1 Brasil, s.d.). Exemplo: porto de Barcelona.

❑ *terminais de carga aérea* – especializados no transbordo aéreo/terrestre ou vice-versa de mercadorias. No Brasil, são denominados terminais de carga aérea (Tecas). São locais em aeroportos onde as cargas são preparadas para embarque em aeronaves ou recebidas para transferência para outro modal de transporte (GS1 Brasil, s.d.). Exemplos: aeroporto de Orly (Paris), aeroporto de Shinpholl (Amsterdã) e aeroporto Barajas (Madri).

❑ *portos secos (dry ports)* – de acordo com a Receita Federal, "portos secos são recintos alfandegados de uso público, nos quais são executadas operações de movimentação, armazenagem e despacho aduaneiro de mercadorias e de bagagem, sob controle aduaneiro" (Ministério da Fazenda, s.d.). Trata-se de terminal multimodal, situado no interior de um país (zona secundária) e que permite efetuar a ligação entre um porto e a respectiva origem e/ou destino. Exemplo: Porto Seco Centro-Oeste S.A, em Anápolis-GO.

Um novo marco regulatório do governo, por meio da Medida Provisória nº 612/2013, de 4 de abril de 2013, está em estudo, com o objetivo de produzir mudanças no sentido de modernizar o sistema, porém ainda em trâmite. Sugere-se ao leitor acompanhar os desdobramentos da matéria.

Sinergias das plataformas logísticas

Higgins e Ferguson (2011) avaliam que um dos principais impactos obtidos com uma plataforma logística como geradora de negócios e de desenvolvimento econômico é a promoção da aglomeração (*clustering*) e localização de empresas, no intuito de facilitar as cooperações vertical e horizontal e a realização dos relacionamentos sinergísticos entre empresas no tocante a frete e logística. De acordo com Bestufs (2007 apud Higgins e Ferguson, 2011:78), podem-se esperar as seguintes sinergias de uma plataforma logística:

- sinergias nos processos logísticos: (exemplo: transporte de longa distância, armazenagem e embalagem);
- sinergias na infraestrutura: (exemplo: conexão para redes de transporte e transbordo);
- redução de movimentos desnecessários, por meio da oferta de serviços internos (exemplo: alfândega);
- criação de economias de escala externas periféricas (exemplo: montagem do conhecimento de embarque em um único local).

Jarzemskis (2007 apud Higgins e Ferguson, 2011) enfatiza benefícios sinérgicos adicionais que podem ser obtidos em uma PL, conforme quadro 5.

Quadro 5
BENEFÍCIOS SINÉRGICOS DAS PLATAFORMAS LOGÍSTICAS

Área	Benefício
Soluções em TI	Muitas empresas de transporte e armazenagem são pequenas e não conseguem obter acesso a software especializado. Na PL, podem compartilhar investimentos nestes tipos de infraestrutura eletrônica e de informação, a baixo custo.
Novos fluxos de transporte	Capacidade de armazenamento e modernos equipamentos podem atrair companhias de classe mundial, e isso pode causar um impacto positivo no crescimento doméstico dos movimentos de frete.
Supply chain management	Empresas de comércio e manufatura de classe mundial não são atraídas por empresas de armazenagem e transporte individuais, devido aos baixos níveis de serviço e de capacidade de armazenagem. Operar em uma PL pode melhorar, de forma significativa, aspectos relativos à qualidade dos serviços e capacidade de frete.
Serviços adicionais	As atividades de frete localizadas numa PL tendem a ser atrativas para provedores de serviços externos e empreendedores, que podem melhorar as facilidades locais (exemplos: hotéis e restaurantes).
Compartilhamento de custo	Investimentos compartilhados em transporte, armazenagem, TI, conhecimento e outras infraestruturas oferecem custo/efetividade para que empresas ganhem vantagem competitiva.
Economias de escala	Um decréscimo no número de módulos de transporte numa cadeia de suprimento aumenta sua qualidade, ao proporcionar que as empresas que operam numa PL tenham vantagem competitiva e confiabilidade, e permite que elas assegurem termos de longo prazo para manufatura, frete e operações logísticas.
Qualidade	À proporção que a PL se torna estável e obtém sucesso, operar em uma delas significa um selo de qualidade e pode ser elemento efetivo de marketing para as empresas.
Conhecimento	Empresas grandes de transporte têm a possibilidade de reter os melhores gerentes, que controlam suas operações e atividades. Numa PL, essa experiência pode ser compartilhada na gestão da empresa, o que permite beneficiar as pequenas empresas.
Marketing compartilhado	Empresas numa PL podem compartilhar o marketing, o que pode ser vantagem para pequenas empresas participantes.

Fonte: Higgins e Ferguson (2011:78).

Enquanto os autores oferecem uma visão geral, a literatura também demonstra que as sinergias também podem ser mais amplas, trazendo impactos na produtividade, intermodalidade, congestionamento e sustentabilidade ambiental, assuntos esses que extrapolam nosso escopo.

Exemplos de plataformas logísticas

Grande parte do conhecimento acumulado sobre plataformas logísticas focaliza-se na Europa, em parte pela tradição e pelo conhecimento desenvolvidos no trato da integração de atividades industriais e logísticas de armazenagem e transporte, mas também pelo contexto motivador – forte suporte financeiro governamental, preocupação da sociedade com congestionamentos das cidades e meio ambiente e agilidade no relacionamento comercial e multimodal com países fronteiriços. Já as plataformas americanas e asiáticas, por serem mais jovens, são menos experientes (Branski, Carvalho e Lima Jr., 2011).

De acordo com o Ministério das Obras Públicas, Transporte e Comunicações de Portugal – MOPTC (Portugal, 2006 apud Follmann e Horner, 2007; Rocha, 2007), a utilização de PL na Europa trouxe uma redução média de 12% em armazenagem, 10% em fracionamento e de 6% a 7% em consolidação de carga. Os dados apontam ainda para um aumento na produtividade média das operações intermodais de carga da ordem de 15% a 93%.

Seguem breves descrições de algumas plataformas logísticas europeias, baseadas em dados pesquisados em periódicos científicos e levantamentos nos sites específicos dos empreendimentos estudados (Dubke, Ferreira e Pizzolato, 2004; Bacovis, 2007; Follmann e Horner, 2007; Branski, Carvalho e Lima Jr, 2011):

Zona de Atividades Logísticas (ZAL) – Barcelona – Espanha

Localizada no porto de Barcelona, na Espanha, trata-se de importante centro multimodal de distribuição e logística para realizar o trânsito de contêineres, essencialmente no mar Mediterrâneo. Foi especialmente desenvolvida para oferecer muitas conexões marítimas interligando mais de 400 portos ao redor do mundo. Por ter excelente localização estratégica, a ZAL traz benefícios para distribuição por via marítima, tendo como origem o continente europeu e diversos destinos, como Extremo Oriente, Américas do Sul e do Norte e África. A ZAL é constituída por uma infraestrutura portuária com terminal ferroviário e acesso facilitado ao aeroporto e rodovias. Possui 68 mil ha, com 250 mil m² de área para atividades logísticas, 45 mil m² de lojas, 80 empresas e 5 mil trabalhadores. Nas áreas logísticas são realizadas diversas operações, tais como: consolidação e desconsolidação de cargas, armazenamento, operação de acabamento de produtos, controle de qualidade, classificação de material, reembalagem e etiquetagem. (ACTE, s.d.)

Eurocentre Plataforma Logística Multimodal – Tolouse – França

Localizada ao norte da cidade de Toulouse, no sul da França. Trata-se de um estabelecimento público, desenvolvido em conjunto com vários parceiros não governamentais e financiado pelo governo francês em conjunto com a União Europeia. Possui uma área operacional de 300 ha, amplamente equipada, para diversas atividades industriais, relacionadas a transporte, logística e serviços em geral. Está conectada às principais redes ferroviárias francesas: a linha norte-sul (Paris-Toulouse) e a linha leste-oeste (Bourdeaux-Séte). Também se encontra muito próxima ao Aeroporto Internacional Toulouse-Blagnac, o segundo em movimentação de cargas na França, depois do Aeroporto Charles De Gaulle, em Paris (Eurocentre Multimodal Logistic Platform, s.d.).

Freight Village – Inglaterra

A Freight Village, na Inglaterra conhecida como *logistics park*, é uma estrutura bastante robusta, que abriga um arranjo (*cluster*) industrial, intermodal, logístico e distribuidor, além de alguns serviços dedicados a facilitar o fluxo de mercadorias. A finalidade central da estrutura é oferecer conexões entre os modais de transporte de alta qualidade, que permita o transporte rápido e flexível. Uma característica distinta de outros conceitos é o compartilhamento das facilidades, equipamentos e serviços pelas empresas instaladas no local (Higgins, Ferguson e Kanaroglou, 2012). Alguns desses *logistics parks* situados na Inglaterra são: Drift, Swindon Premier, King Moon e Wakefield Europort (Higgins e Ferguson, 2011)

De acordo com Tsamboulas (2003), uma moderna *freight village* proporciona serviços de manuseio, operação de armazenamento, transbordo e administração para empresas de menor porte que não queiram arcar com tais operações e custos.

Na sequência, apresenta-se um exemplo de projeto brasileiro de plataforma logística.

Plataforma Logística Multimodal de Goiás (PLMG)

No Brasil, a primeira plataforma de larga abrangência será implantada em Anápolis (GO). De acordo com a Secretaria de Planejamento do Governo de Goiás (Rodrigues, 2013), trata-se da Plataforma Logística Multimodal de Goiás (PLMG), que foi baseada no conceito de uma zona de atividades logísticas (ZAL) como Barcelona, considerando a interligação de rodovias federais e estaduais, aeroporto e ferrovia. O projeto teve seu início em 1998, porém sua execução arrasta-se até os dias atuais em razão de vários entraves burocráticos, políticos e financeiros que ora culminam com a escolha do modelo de parceria público-privada adequado e da proposta de concessão de 33 anos, ora em licitação pública (Brasil, 2013b).

De acordo com Rodrigues (2013), a consolidação da PLMG se baseia em três pilares considerados os diferenciais competitivos do projeto e da região escolhida para sua implantação, que são:

- ❏ acessos e conexões – região de concentração de rodovias (BR-060, BR-153, GO-330), ferrovias (Centro-Atlântica e Norte-Sul) e hidrovia (Tietê-Paraná, para o sul, e Araguaia-Tocantins, para o norte);
- ❏ mercados consolidados – encontra-se no centro do eixo Goiânia-Anápolis-Brasília e próxima de outros polos consumidores, como o Triângulo Mineiro;
- ❏ atendimento das necessidades logísticas, devido ao agronegócio, base da economia do Centro-Oeste, que requer competitividade em preço, baseada numa logística de custo mais baixo.

Além do exemplo acima, existem outras iniciativas brasileiras conjuntas governo/empresas para implantação de plataformas logísticas. No Tocantins, em Aguiarnópolis, pátio multimodal no esteio da ferrovia Norte-Sul; no Ceará, o Terminal Portuário do Pecém; na Bahia (Juazeiro), a Plataforma Logística Multimodal do São Francisco; e no Sudeste, o projeto Paraná Plataforma Logística, para citar alguns.

Em recente levantamento, constatou-se que ainda não se possui no Brasil um exemplo concreto de plataforma logística em pleno funcionamento (Da Silva, Senna e Lima Júnior, 2013). A maioria dos empreendimentos brasileiros ainda se encontra na fase de estudos de viabilidade ou em construção parcial da infraestrutura. No entanto, deve-se continuar estudando os diversos modelos implantados e as experiências acumuladas em outros países europeus para construir as bases de um modelo nacional que inclua parcerias público-privadas (PPPs), tendo o governo, nos seus três níveis – federal, estadual e municipal –, papel fundamental no financiamento desses projetos logísticos de grande porte.

Após analisarmos os operadores logísticos, passaremos ao estudo dos conhecimentos de embarque, documentos que vinculam a entrega de uma carga ao transportador, caracterizando a contratação do transporte.

Conhecimento de embarque

O conhecimento de carga, leitor, também conhecido como conhecimento de embarque emitido pelo transportador, define a contratação da operação de transporte internacional, comprova o recebimento da mercadoria na origem e a obrigação de entregá-la no lugar de destino, constitui prova de posse ou propriedade da mercadoria e é um documento que ampara a mercadoria e descreve a operação de transporte.

O conhecimento de carga recebe denominações específicas em função do modal de transporte utilizado: CTRC (rodoviário); TIF/DTA (ferroviário); BL (marítimo) ou AWB (aéreo).

Para Handabaka (1994), o contrato de transporte é um acordo por meio do qual o proprietário da embarcação ou companhia de navegação se compromete perante o expedidor a transportar uma carga até determinado porto, mediante o pagamento de um serviço chamado frete. O autor comenta ainda que os fatores contratuais do transporte marítimo internacional regem-se por uma convenção denominada Regras de Haia e pelo

Protocolo de Regras de Visby. Em novembro de 1992 entraram em vigor as Regras de Hamburgo.

De acordo com Azúa (1984), o conhecimento de embarque marítimo, em inglês *bill of lading* (BL), é o documento que faz inteira prova entre todas as partes interessadas na carga e no frete, ficando salva a estes e aos donos do navio a prova em contrário.

A consignação no conhecimento de carga prova a propriedade da mercadoria e pode ser:

- **Nominativa** – quando constar do conhecimento original o nome por extenso do destinatário da mercadoria;
- **À ordem do embarcador** – quando a propriedade consigna-se ao remetente; ou
- **Ao portador** – o proprietário será qualquer pessoa que apresentar o conhecimento.

O conhecimento de carga classifica-se, conforme o emissor e o consignatário, em:

- **Único** – se emitido pelo próprio transportador (agência de navegação, companhia aérea, armador), quando o consignatário não for um agente desconsolidador;
- **Genérico ou Master** – se emitido pelo próprio transportador (agência de navegação, companhia aérea, armador), quando o consignatário for um desconsolidador; ou
- **Agregado, House ou Filhote** – quando for emitido por um agente consolidador de cargas e o consignatário não for um desconsolidador;
- **Sub-Master ou Co-Loader** – quando for emitido por um agente consolidador de cargas e o consignatário for outro agente desconsolidador de cargas.

O conhecimento de carga é um documento de significativa importância no comércio exterior. Portanto, todo profissional que atua nessa área deve conhecer as regras que compõem não somente a emissão desse documento, como também detalhes sobre os direitos e obrigações de quem embarca, de quem transporta e de quem receberá a mercadoria amparada por ele.

Pelo fato de ser um documento obrigatório, deve obrigatoriamente conter importantes informações, a seguir destacadas:

- nome e domicílio completo do embarcador e do consignatário da mercadoria embarcada;
- nome e domicílio completo da empresa de navegação responsável pelo transporte;
- nome do navio transportador;
- identificações dos portos de embarque e de destino;
- data do embarque acompanhada da cláusula *"shipped on board"*;
- descrição, o mais completa possível, da mercadoria embarcada;
- quantidade e numeração dos volumes, e tipos embarcados (paletes, atados, tambores, caixas, amarrados etc.);
- quantidade e números dos contêineres, bem como as respectivas numerações de seus lacres;
- cláusula *"clean on board"*, que identificará que a carga foi recebida a bordo sem aparente avaria;
- número do conhecimento de embarque e, quando possível, número da viagem do navio.

Para Moura (1991), o contrato de transporte cria obrigações para os contratantes, numa relação bilateral em termos de direitos recíprocos para ambas as partes, sendo:

a) *obrigações do remetente/embarcador:*
- entregar a mercadoria indicada na contratação do embarque;
- tomar as devidas providências em relação à embalagem de proteção do produto a ser embarcado;

- ❑ pagar o frete, quando assim acertado, nos modos e condições ajustados;
- ❑ declarar corretamente a natureza da mercadoria.
b) *obrigações do transportador:*
- ❑ receber, transportar e entregar as mercadorias conforme indicado no conhecimento de embarque correspondente;
- ❑ expedir o conhecimento de embarque devidamente assinado pelo capitão do navio ou pela agência marítima que represente o armador;
- ❑ seguir o itinerário da consignação.
c) *direitos e obrigações do consignatário*: consignatário é a pessoa a quem a mercadoria é enviada. Também é conhecida como destinatário, tendo o direito de receber as mercadorias. Para isto deve fazer o pagamento do frete (quando devido) e inspecionar os volumes que aparentemente possam estar avariados. Convém ressaltar que o destinatário deve cumprir os regulamentos de importação de seu país no tocante ao citado anteriormente.

Seguros internacionais

Contratos de compra e venda internacionais (Incoterms), já vistos anteriormente, preveem, em cada uma de suas modalidades, qual das partes (vendedor e comprador) deverá contratar a apólice de seguro-carga.

O seguro-carga garante ao proprietário o ressarcimento do valor das mercadorias em caso de danos ou extravio durante o transporte, em situações onde não haja nenhuma outra cobertura. Há três diferentes tipos de cobertura para o seguro-carga:

- ❑ cláusula C: cobertura básica, destinada a produtos de pequeno valor e com baixa incidência de riscos, cuja validade se dá apenas durante o trecho internacional da viagem;
- ❑ cláusula A: cobertura mais ampla, destinada a produtos de elevado valor e alta incidência de riscos, cuja característica é

cobrir todo o percurso porta a porta. O valor do prêmio para este tipo de cobertura costuma ser o dobro do valor cobrado pela cláusula C;
- cláusula B: cobertura intermediária, exclusivamente para o transporte marítimo. Destina-se a cargas transportadas no convés. Além de cobertura idêntica à da cláusula C, cobre adicionalmente eventos da natureza, tais como: terremoto, erupção vulcânica, raios e carga levada pelas ondas.

Para fazer a análise de riscos, as seguradoras verificam a taxa de sinistralidade do cliente, os riscos potenciais no itinerário da viagem internacional, bem como os riscos inerentes ao tipo de produto.

Para cumprir este último quesito, as mercadorias são classificadas nos seguintes grupos de risco:

- *riscos mecânicos* – resultantes de vibração, trepidação, frenagens, compressão, oscilações, atrito e impactos;
- *riscos físicos* – embora também tenham resultados mecânicos, diferenciam-se daqueles por decorrerem de acondicionamento, movimentação ou armazenagem equivocados, bem como pelo uso de equipamentos e/ou implementos inadequados;
- *riscos químicos* – possibilidade de reações químicas que alterem as características da mercadoria, tais como combustão espontânea, oxidação, combinação, aderência etc.;
- *riscos climáticos* – resultado da ação de agentes ambientais externos, tais como: calor, frio, condensação, salinidade, umidade e mofo;
- *riscos contaminantes* – infestações por vetores, deterioração, putrefação, manchas e odores;
- *riscos humanos* – causados por embalagem inadequada (vício próprio), imperícia, imprudência, negligência, dolo, roubo e furto;

- *riscos imponderáveis* – decorrentes de acidentes ou causados por atos da natureza (raios, tempestades, furacões, enchentes etc.).

Além do seguro-carga, as convenções que regulam o transporte internacional de cargas determinam que o transportador tenha outras duas coberturas: uma para se resguardar contra perda ou danos ao equipamento de transporte (seguro-casco) e outra para cobrir indenizações relativas a responsabilidades civis.

Especificamente no caso do transporte marítimo internacional, as avarias ou despesas extraordinárias são classificadas das seguintes formas:

- *avaria simples ou particular* – todas as despesas causadas involuntariamente à carga ou ao navio. Cada seguradora cobre seu segurado;
- *avaria grossa ou comum* – despesas decorrentes de ato deliberado, ante perigo iminente, para salvar as vidas, o navio e as cargas. Ficando caracterizado esse tipo de avaria, as despesas são rateadas entre todos os participantes da aventura marítima.

Para Ludovico (2013:177), no seguro em transporte rodoviário nos países do Mercosul, deve o usuário atentar para os detalhes das cláusulas do contrato de transporte (CRT), pois nem sempre os transportadores são responsáveis por qualquer dano, perda ou prejuízo direta ou indiretamente imputável e/ou resultante de:

- negligência ou falta acessória contributária por parte do embarcador, consignatário ou destinatário;
- apreensão ou retenção em decorrência de inobservância de leis, regulamentos, ordens ou requisitos fiscais, assim como medidas de ordem judicial ou sanitária;

- risco de guerra, greves, motins, hostilidades, atos de represália ou arresto;
- vícios inerentes à mercadoria, insuficiência ou impropriedade de embalagens ou acondicionamento;
- fenômenos da natureza ou quaisquer outras causas fortuitas ou de força maior;
- incêndio, raio e suas consequências, que possam ocorrer em armazéns alfandegados ou não, próprios ou de terceiros, onde estejam as mercadorias depositadas por mais de 15 dias por motivos de força maior e independentemente de sua vontade.

As indenizações ou ressarcimentos cabíveis estarão sempre limitados ao prejuízo real e nunca excedente ao valor fiscal da mercadoria. Quaisquer direitos e reivindicações contra o transportador deverão ser feitos dentro dos prazos estipulados pela legislação vigente e contados a partir da data do evento que motiva a reclamação.

Quando se utiliza o transporte marítimo, a carga passa por classificações e, em razão da prática internacional, as embalagens e os procedimentos de unitização fazem parte do processo. A par disso, o advento do contêiner viabilizou ganhos de escala nas operações portuárias. Essa transformação fez com que os governos refizessem todos os seus conceitos em relação aos portos e, no Brasil, as alterações foram implantadas pela Lei de Modernização dos Portos. Com os novos critérios, fica mais visível a figura do operador logístico, que, com sua especialidade, passou a desenvolver processos com mais intensidade para as empresas exportadoras e importadoras, fortalecendo o entendimento sobre o conhecimento de embarque marítimo, contrato de transporte marítimo que segue regras internacionais.

Todos esses fatores contribuíram para o desenvolvimento do sistema de transportes, cujas características e determinações serão analisadas no próximo capítulo.

3

Sistema de transportes

Cada uma das mercadorias comercializadas internacionalmente possui características físico-químicas próprias, diferentes embalagens, tamanhos de lote etc. Por sua vez, cada região do planeta apresenta peculiaridades físicas, climáticas e econômicas. Para atender a essa diversidade, o sistema de transportes deve oferecer diferentes alternativas, seja de forma individualizada ou combinada, com base em critérios de racionalidade e economia de escala. Este capítulo abordará os diferentes aspectos do transporte internacional e as inúmeras variáveis a serem consideradas.

A escolha do modal de transporte

As principais variáveis de decisão quanto à escolha do modal de transporte mais adequado a cada situação são:

- ❑ natureza e características da mercadoria;
- ❑ tamanho do lote;
- ❑ disponibilidade e frequência;
- ❑ transbordos/rotas alternativas;

- restrições do modal;
- confiabilidade do tempo de trânsito;
- valor do frete;
- risco de sinistralidade;
- nível de serviço agregado.

O tempo de trânsito afeta, diretamente, o prazo de ressuprimento, abrangendo o tempo despendido pelo embarcador na consolidação, o tempo de viagem propriamente dito, os tempos de transbordos (caso haja) e o tempo necessário à liberação da carga no recebimento. Qualquer atraso pode paralisar uma linha de produção caso o estoque de reserva seja muito baixo.

A possibilidade de avarias aumenta na mesma proporção da quantidade de movimentações e transbordos. Às vezes a fragilidade da mercadoria justifica a utilização de um modal cujo frete seja sensivelmente mais caro. A sofisticação dos serviços pode sinalizar, por exemplo, para um sistema de posicionamento geográfico instantâneo via satélite ao longo do seu percurso.

Modais de superfície: rodoviário e ferroviário

Os denominados transportes terrestres ou de superfície são os mais conhecidos e utilizados nos transportes regionais, mas também se aplicam aos transportes internacionais, no caso de países limítrofes e outros que podem ser alcançados por via terrestre através do território de terceiros, como é comum nos países da Europa central.

Transporte rodoviário

Segundo Rodrigues (2007b), o transporte rodoviário é o que apresenta maior cobertura geográfica, em qualquer país do mundo. É simples e eficiente, bastando que haja rodovias.

Porém, este modal apresenta um elevado consumo de combustível (elevado consumo de óleo diesel por tonelada de carga transportada por quilômetro).

Os fretes rodoviários normalmente são fixados de acordo com a quilometragem percorrida, condições do tráfego no percurso, condições especiais requeridas para o transporte da carga e a possibilidade de obter carga de retorno. O valor final do frete é registrado no conhecimento de transporte rodoviário de cargas (CTRC). Algumas empresas têm como prática cobrar separadamente o ressarcimento de despesas como gerenciamento de riscos (GRIS), pedágios, custos aduaneiros etc. A estes adicionais comumente se acrescem as estadias do equipamento rodoviário aguardando carregamento e/ou descarga.

Principais vantagens:

- dispõe de mais vias de acesso;
- possibilita o serviço porta a porta;
- permite embarques e partidas mais rápidos;
- favorece os embarques de pequenos lotes;
- há maior facilidade de substituir o veículo em caso de quebra ou acidente;
- permite maior rapidez de entrega;

Principais desvantagens:

- maior custo operacional e menor capacidade de carga;
- nas épocas de safras, provoca congestionamentos nas estradas;
- desgasta prematuramente a infraestrutura da malha rodoviária.

Por ocasião da contratação de transporte rodoviário internacional, é importante verificar se a transportadora está efetivamente habilitada a operar no transporte entre países.

Transporte ferroviário

Apesar de ter custos fixos elevados, segundo Rodrigues (2007b), o transporte ferroviário apresenta grande eficiência energética. Contudo, necessita que haja trilhos, nem sempre sendo possível chegar até onde se deseja. Por suas características operacionais, só oferece vantagens quando há grande quantidade de carga a ser transportada por longas distâncias.

Distância e densidade do tráfego são fatores determinantes para a viabilização da ferrovia. O parâmetro internacional usual é destinar à ferrovia lotes de mercadorias cuja distância de transporte exceda 500 km. Ademais, pode-se afirmar que este é o modal por excelência para grandes volumes de cargas.

Os fretes ferroviários normalmente têm como base de cálculo a quilometragem a ser percorrida, combinada com o peso da carga. Outra forma usual de calcular o frete é adotando um vagão como unidade de carga, considerando o tempo de permanência do referido vagão no terminal de destino. Seja qual for a forma de calcular o frete, o valor final do serviço deve constar do respectivo *conhecimento-carta de porte (TIF)/declaração de trânsito aduaneiro (DTA)*.

Principais vantagens:

- capacidade para transportar grandes lotes de mercadorias;
- fretes baixos crescentes, de acordo com o volume transportado;
- baixo consumo energético;
- adaptação ferro-rodoviária rodotrilho (*road-railler*);
- provisão de estoques em trânsito.

Principais desvantagens:

- tempo de viagem demorado;
- custo elevado quando há necessidade de transbordos;

- dependência da disponibilidade de material rodante;
- baixa flexibilidade de rotas;
- alta exposição a furtos.

Modal aéreo

O sistema internacional de transporte aéreo está baseado na Associação Internacional de Transporte Aéreo, da sigla inglesa IATA (International Air Transport Association), fundada em 1945 na cidade de Havana (Cuba). A IATA é responsável por simplificar, unificar, normatizar e padronizar procedimentos, documentos, taxas e tarifas de fretes relativos ao transporte de carga aérea e de passageiros, em uma indústria global, composta por 240 linhas aéreas, entre empresas da aviação civil e de cargas.

Com o desenvolvimento do comércio mundial nos últimos 20 anos, as companhias aéreas vêm investindo pesadamente na compra de aeronaves cargueiras para atender, sobretudo, às demandas dos seguintes produtos:

- substâncias e produtos perigosos (matérias-primas e produtos acabados);
- animais vivos;
- perecíveis;
- produtos eletrônicos;
- confecções;
- máquinas e equipamentos;
- manufaturas de metais nobres (pedras preciosas, joias, fibra óptica, cobre);
- obras de arte.

Antes da fundação da IATA, foi assinada, em 7 de dezembro de 1944, a Convenção de Chicago, criando a Organização Internacional da Aviação Civil, com a sigla inglesa ICAO, e dando origem a padrões e recomendações que proporcionariam, entre outros resultados, um desenvolvimento seguro e ordenado da aviação internacional.

O conhecimento de embarque aéreo, ou *air way bill* (AWB), é o contrato entre a companhia aérea, o embarcador e o consignatário da mercadoria transportada. De acordo com a IATA, duas resoluções normatizam o sistema:

❏ Resolução CSC 600a, que fornece as regras sobre a carta de porte aéreo, especificações técnicas, instruções de preenchimento, distribuição de cópias e também as condições aplicáveis quando da transmissão de informações do AWB enviadas eletronicamente;
❏ Resolução CSC 600b, que fornece o texto das condições do contrato a ser impresso no verso.

O transporte aéreo, de acordo com Handabaka (1994), rege-se por regulamentos contidos na Convenção de Varsóvia, de 12 de outubro de 1929, com as respectivas modificações ocorridas em 1955 (Haia), 1961 (Guadalajara), 1975 (protocolos de Montreal) e 1999 (Montreal) – cujas informações devem ser de conhecimento dos embarcadores e consignatários das cargas, em razão de seus direitos e obrigações.

Segundo Galiana (2001:44), esse modal se desenvolveu com muita rapidez nos últimos 20 anos, e suas características, fruto do desenvolvimento observado, demonstram as seguintes vantagens:

❏ rapidez: pela sua idoneidade em embarques urgentes;
❏ tempo: oferece grandes vantagens operacionais, possibilitando altos giros de estoque;
❏ segurança: pelas baixas taxas de sinistros e avarias;
❏ flexibilidade: atinge regiões inacessíveis a outros modais, dispondo de rotas alternativas, com conexões em vários aeroportos internacionais; e

- intermodalidade: proporciona transferência para outros modais.

Por outro lado, podem ser consideradas desvantagens:

- custo: em relação aos demais modais, é o de maior custo;
- reduzida eficiência energética;
- limitação da capacidade das aeronaves, tanto em peso quanto em volume;
- não atende commodities;
- fortes restrições a cargas perigosas.

Principais tarifas aéreas

São as seguintes as modalidades praticadas:

- tarifa normal: remessas de até 45 kg;
- por quantidade: até 200 kg (mais barata que a normal);
- tarifa classificada: apenas para alguns tipos de mercadorias, entre pontos específicos de uma rota;
- tarifa governamental: tarifa incentivada devido a acordos comerciais bilaterais;
- tarifa RPN: aplicada ao transporte noturno do correio (rede postal noturna);
- tarifa expressa: casos urgentes – muito onerosa.

Modal aquaviário

Transporte marítimo

O transporte marítimo internacional, como elemento fundamental do comércio mundial, é uma atividade econômica regida por uma extensa gama de convenções e normas internacionais. Com base nesses princípios gerais, cada país procura adequar às suas necessidades uma estrutura compatível com seus objetivos.

No Brasil, as atividades direta ou indiretamente ligadas ao transporte marítimo, do ponto de vista funcional, são divididas da seguinte forma:

- administração e reaparelhamento dos portos;
- serviços auxiliares;
- construção de navios e estaleiros privados;
- estiva, desestiva, mão de obra especializada;
- coordenação geral da política de Marinha Mercante.

Os navios são, em geral, de propriedade particular, ao passo que os portos e as áreas de atracação (cais, píeres etc.) podem pertencer a entidades públicas locais, repartições governamentais e empresas privadas. O transporte interior por vias fluviais pode ser considerado um caso intermediário.

As condições de exploração e aproveitamento dos rios diferem pouco das do transporte marítimo. Em regiões onde foram construídos canais artificiais, existem semelhanças tanto com o transporte por estrada de rodagem como por via férrea, uma vez que as embarcações podem pertencer à entidade que possui e mantém o canal ou a transportadores públicos ou negociantes particulares. Em ambos os casos, os canais podem ser construídos pelo Estado, tal como se pertencessem ao sistema de estradas de rodagem, ou por particulares, que cobram direito de passagem por eles.

Entre todos os modais de transporte, pode-se dizer que o marítimo é o que, por sua capacidade, movimenta o maior volume de mercadorias no tráfego internacional. Entre os itens de relevância do tráfego marítimo, destacam-se:

- caráter internacional – deriva da própria natureza desse transporte, já que praticamente é o único meio econômico

de transportar mercadorias entre pontos distantes geograficamente;
- capacidade – a capacidade de carga dos navios chegou, nos últimos anos, a superar a casa de meio milhão de toneladas de peso morto, ou *deadweight* (DWT), nos navios petroleiros, se bem que a tendência é a utilização de navios de menor calado;
- flexibilidade – essa característica é dada pela possibilidade de se empregarem navios de médio/grande porte;
- versatilidade – têm-se construído navios adaptados a todo tipo de cargas;
- concorrência – apesar das tendências protecionistas de alguns países, que reservam a seus navios o tráfego de cargas, a maior parte do tráfego internacional se realiza em regime de livre concorrência de fretes e outros custos operacionais.

Desde o século XIX, existia um sistema denominado "Conferência de Fretes", ou grupos de armadores que formavam uma associação cujo objetivo era criar um regulamento igual para todos, praticar uma só tarifa de fretes por produto transportado, estabelecer uma rota marítima, um serviço regular de navios, dividindo as cargas entre os componentes dessas organizações. Esse serviço teve início no Brasil em 1970 e encerrou-se em maio de 1999. Durante o período de sua vigência, houve a participação de várias entidades (conferências de fretes), que eram as seguintes:

- Interamericana de Fretes;
- Costa do Pacífico/Rio da Prata/Brasil;
- Brasil/Extremo Oriente/Brasil;
- Brasil/Europa/Brasil;
- Norte do Brasil e Amazônia/Europa/Norte do Brasil/Amazônia;
- Brasil/Mediterrâneo/Brasil;
- Conferência Marítima de Fretes Argentina/Brasil;
- Brasil/Nigéria/Brasil.

Ao longo dos anos, essas entidades foram se retirando em razão de interesses em outras áreas comerciais do mundo e também do desequilíbrio existente entre as importações e exportações brasileiras, causando prejuízos financeiros nos fretes. Em maio de 1999, a Conferência Interamericana de Fretes, que era a única então em atividade, deixou de existir no tráfego de portos dos Estados Unidos e Canadá, do Atlântico, rio São Lourenço, Porto Rico, Ilhas Virgens, com portos do Atlântico do Brasil.

Os armadores que não faziam parte dessas associações eram chamados de *outsiders* (independentes) e, por não terem nenhum compromisso, praticavam tarifas de fretes inferiores, competindo na mesma rota e portos de escala das conferências.

No sistema de Conferência de Fretes, havia alternativas entre os armadores no sentido de não deixarem abertura de espaço em serviços para que os *outsiders* pudessem carregar cargas que não fossem transportadas pelos navios das conferências de fretes. Uma das principais alternativas era o acordo de navegação entre as empresas marítimas, que se socorriam pela falta de navios, criando um sistema denominado *joint ventures*, que veremos a seguir.

Joint ventures

Também conhecido como permuta de *slots*, nesse sistema dois ou mais armadores se unem para oferecer serviço regular em determinadas rotas marítimas, aplicando as mesmas tarifas de fretes/serviços. Essa união garante cargas para seus navios, pois, mesmo que um exportador contrate espaço em um navio de um armador, a carga estará sendo transportada em navio do outro armador. Essas uniões podem se dissolver a qualquer momento, por deliberação dos próprios participantes.

A seguir, será apresentado o conceito de navio e serão explicados seus diferentes tipos, empregados usualmente no tráfego marítimo internacional.

Tipos de navios

Entende-se por navio toda construção flutuante autopropulsada destinada a navegar por água e transportar cargas e pessoas. Deve ostentar a bandeira de sua nacionalidade e um nome em lugar visível na proa (dois lados) e na popa. Alguns tipos de navios:

❑ *cargueiro convencional* – tipo mais antigo de navio, sem nenhuma especialização, para transporte de carga geral seca, embalada e transportada em volumes individuais – paletes, caixas, engradados, tambores, bombonas, fardos, tonéis, sacaria etc. (*breakbulk*) – ou paletes, *big-bags* e contêineres (carga unitizada).

❑ *porta contêineres (full container)* – navio especializado, cujos porões possuem formas e medidas adequadas a esse tipo de transporte, possuindo compartimentos com guias de células onde os contêineres são perfeitamente encaixados e travados no piso ou entre eles;

❑ *roll on roll off (Ro-Ro)* – o projeto desses navios tem uma configuração especial, com rampas móveis que se abrem no costado, permitindo que veículos de qualquer natureza – automóveis, caminhões, ônibus, tratores etc. – sejam embarcados e desembarcados rodando por seus próprios meios, sem o auxílio de guindastes. Também podem transportar contêineres no convés;

❑ *reefer* – são navios apropriados para o transporte de *produtos* perecíveis, sob condições de resfriamento ou congelamento. Seus porões são projetados e construídos com câmaras frigoríficas em seu interior, com controles de temperatura independentes, possibilitando o transporte simultâneo de mercadorias com diferentes temperaturas;

❑ *granel líquido (tanque)* – distingue-se dos demais navios por ter amplos tanques laterais e centrais apropriados ao

transporte de petróleo cru e seus derivados, além de etanol, produtos químicos etc.;
❑ graneleiro – navio de configuração simples, utilizado no transporte de carga seca a granel, como minérios, cereais, açúcar, carvão, soja etc.

Contrato de transporte marítimo

O contrato de transporte por via marítima é efetuado entre o embarcador, que aluga espaço para o transporte de sua mercadoria, e o transportador, que fornece o espaço a bordo do navio, podendo ser o embarcador pessoa física ou jurídica. Esse contrato é denominado conhecimento de embarque marítimo, ou *bill of lading* (B/L), como citado anteriormente, ou, ainda, carta de fretamento. É regido por convenção internacional, conforme se verá no final deste capítulo.

Esse contrato começa a ter execução com a entrega da carga ao transportador. A partir do momento em que o capitão do navio recebe as mercadorias, inicia sua responsabilidade: é considerado depositário da carga a bordo e, como tal, está obrigado à sua guarda, ao seu acondicionamento e conservação e à sua pronta entrega, à vista do conhecimento de embarque. Também nesse momento começa a viagem, para efeito de vencimento do frete, caso outra coisa não tenha sido ajustada.

Como em qualquer outro modal, os fretes marítimos devem ter como base o pagamento de todos os custos fixos e variáveis relativos à operação do navio, além da margem de lucro.

Contudo, os fretes marítimos também são afetados pelos seguintes fatores relacionados à região:

❑ condições operacionais dos portos de escala;
❑ volume de cargas disponíveis na região;
❑ concorrência no tráfego marítimo na rota em questão.

Tipos de tarifas nos fretes marítimos

Os principais tipos de tarifas usuais no transporte marítimo internacional são:

- frete mínimo – aplicado a pequenos embarques quando não atingem determinado peso ou cubagem;
- taxa básica – valor básico do frete, constante do tarifário dos operadores marítimos, sobre o qual incidem adicionais;
- carga geral – frete cobrado quando o produto não consta na tarifa da companhia marítima, representando sempre um valor maior em relação à tarifa específica;
- específica – frete específico de uma mercadoria, normalmente baseado na classificação fiscal do produto;
- contratada – aplicada sobre o valor firmado em "contrato" entre a empresa exportadora ou importadora e a companhia marítima, com a garantia de que os valores negociados não se alterarão durante o período de vigência do contrato. A vantagem é que os valores são menores em relação à tarifa específica, porém o contratante deverá honrar o compromisso firmado não embarcando em navio de outra empresa marítima;
- tarifa temporária (*temporary freight*) – frete temporariamente abaixo da tarifa básica convencional para estimular negócios em determinada área;
- frete aberto (*open freight*) – fretes negociáveis em função da demanda, como é o caso das commodities;
- cargas não tarifadas (*not otherwise specified*) – situações em que, pela especificidade do produto, não há frete tarifado, sendo necessário calcular seu valor para cada caso específico, por exemplo, o transporte de plataformas para prospecção e exploração de petróleo, iates etc.

Modalidades de frete

Segundo Ludovico (2010), o serviço de transporte marítimo inclui uma série de rotas, que correspondem ao "trajeto" que determinada carga percorre desde que entra nas instalações portuárias em seu porto de origem até deixar as instalações no porto de destino. Assim, as negociações de fretes podem se realizar em qualquer das seguintes modalidades, que são adotadas pelos armadores em geral:

- *gross terms* – frete cobrado de cais a cais, mais a movimentação da carga nas instalações portuárias;
- *liner terms* – frete de cais a cais, já com as despesas de embarque e desembarque;
- *free-out* (FO) – frete sem as despesas com o desembarque (desestiva);
- *free in and out* (FIO) – frete sem as despesas de embarque e desembarque;
- *free in liner out* (FILO) – embarque por conta da carga e desembarque por conta do navio.
- *free in, out and stowed* (FIOS) – frete sem as despesas de carregamento, descarga e arrumação da carga nos porões do navio (carga granel);
- *free in and trimmed* (FIOT) – embarque/desembarque/rechego (granel) por conta da carga;
- *free in stowed liner out* (FISLO) – embarque, arrumação por conta da carga e desembarque por conta do navio;
- *liner in free out* (LIFO) – despesas de carregamento por conta do navio e desembarque por conta do exportador.

Em razão das variáveis dessas tarifas, o embarcador deverá sempre procurar negociar com a companhia marítima, pois a modalidade do frete pode interferir negativamente no custo final do produto, tornando-o não competitivo em determinados mercados.

Cálculo do frete

Os fretes são calculados pelo peso (toneladas) ou volume (m³) do embarque. As empresas marítimas consideram sempre o que for maior, pois a regra é: para cada tonelada existe um espaço de um metro cúbico no navio. O exportador deve levar em consideração que existem embalagens disformes, ou seja, não são nem retangulares nem quadradas, e isso pode fazer com que o cálculo do frete seja por tonelada métrica, cujo cálculo será da empresa marítima.

Outras formas de cobrança são: por contêiner (desconsiderando peso e volume da mercadoria) ou ainda pelo valor da mercadoria (percentual sobre o valor FOB – *ad valorem*).

Taxas adicionais

Para que não haja surpresas, o exportador deverá, ao cotar o frete, solicitar as taxas adicionais que serão cobradas, pois estas variam entre as companhias marítimas. Podemos citar algumas:

- *bunker surcharge* – percentual cobrado, sobre a tarifa aplicada, que oscila de acordo com o preço do petróleo no mercado internacional, pois o combustível utilizado pelos navios é derivado desse produto;
- *aluguel de contêiner (per diem)* – nem todas as companhias marítimas oferecem gratuitamente contêineres para uso. Convém negociar;
- *travessia de canal* – as cobranças mais comuns são quando os navios cruzam o canal do Panamá e o canal de Suez. São cobrados valores pelo peso ou volume da carga ou, ainda, por contêiner;
- *carga pesada (heavy lift)* – com exceção do contêiner, via de regra, qualquer volume pesando mais de 15 toneladas poderá ser taxado. Convém o exportador consultar a empresa

marítima, pois as regras de peso não são iguais em todas. Outro fator que poderá influenciar são os portos de origem e destino, devido à falta de equipamentos adequados para embarque ou desembarque da mercadoria;

- *carga comprida (extra-lenght)* – comprimento maior que 12 m (comprimento do contêiner de 40');
- *carga com dimensões extraordinárias (protusion ou over dimension)* – quando o volume com a carga excede os padrões considerados pelas empresas de navegação, um valor adicional é cobrado em razão de equipamentos que serão utilizados tanto no porto de embarque como no de desembarque;
- *porto secundário (minor port)* – por vezes o volume de carga para ser descarregado em determinados portos é insuficiente para cobrir as despesas do navio. Nesses casos são cobrados valores maiores para compensar a atracação;
- *congestion surcharge* – adicional aplicado a portos nos quais os navios entram em filas de espera aguardando atracação;
- *fator de ajuste cambial (CAF)* – se a taxa cambial da moeda utilizada na tarifa causar perda ao armador em relação ao recebido quando do pagamento do frete, será cobrado um percentual para recuperação do prejuízo;
- *expedição de B/L* – embora certamente isso pareça estranho, todos os operadores marítimos cobram de seus clientes uma taxa, cujo valor é variável, para entregar o conhecimento de embarque marítimo (B/L). No caso de alteração nos dados após a emissão ou de perda da via original, a referida taxa é cobrada novamente.

Os fretes marítimos podem ser pagos de três diferentes formas, a saber:

- *pré-pago (freight prepaid)* – o frete será pago no porto de origem, após o embarque, com a retirada do B/L após o pagamento;

- *frete pagável no destino* (*freight payable at destination*) – o frete será pago pelo importador na chegada ou antes da retirada da mercadoria;
- *frete a pagar* (*freight collect*) – o pagamento do frete poderá ser em qualquer parte do mundo, e o operador marítimo será avisado pelo seu agente sobre o recebimento, de modo a proceder a liberação da mercadoria.

Atores do transporte marítimo

São três os principais atores desse modal de transporte:

- *proprietário* – investidor que constrói ou compra um navio e sobre ele aufere receitas patrimoniais;
- *armador* – pessoa jurídica que arma o navio, isto é, que prepara o navio para a viagem. Isso ocorre com a contratação da tripulação e aquisição de suprimento de víveres, água potável, combustível, lubrificantes. Sua lucratividade é sobre o gerenciamento de capital intelectual;
- *operador* – empresa que, a partir de um navio armado (próprio ou alugado), o opera comercialmente em rotas marítimas comerciais. Suas receitas decorrem de fretes.

Os conceitos a seguir são básicos e muito importantes no transporte marítimo:

- *capitão do navio ou comandante* – profissional contratado pelo armador, do qual é considerado preposto. Tem a responsabilidade técnica de conduzir o navio, além de ter responsabilidades sobre carga, tripulação, navegabilidade etc.;
- *embarcador* – aquele que aparece no conhecimento de embarque (B/L) como responsável pelo embarque da mercadoria, seja ou não o pagador do frete;
- *consignatário* – pessoa a quem está facultada a entrega da mercadoria no porto de destino;

❏ *agente marítimo* – pessoa jurídica que representa os interesses de proprietários, armadores e operadores de navios nos portos em que o navio escala; também executa a gestão comercial para obtenção de clientes;

❏ *agente de cargas (corretor)* – presta serviço de intermediação de fretes aos exportadores/importadores nas negociações com o agente marítimo.

Convenções internacionais

Convênio internacional para unificação de certas regras em matéria de conhecimento de embarque – Regras de Haia: convênio firmado na Conferência de Bruxelas em 25 de agosto de 1924, mas só entrou em vigor em junho de 1931. Entre os 16 artigos, destacam-se alguns, que devem ser conhecidos dos embarcadores e consignatários:

Art. 1º – define os conceitos de transportador, contrato de transporte, bens transportáveis, navio e transporte de mercadorias;

Art. 2º – responsabilidade do transportador sobre os bens transportados;

Art. 3º – responsabilidade do transportador sobre condições do navio quanto a navegabilidade, equipamentos de bordo; emissão de conhecimento de embarque;

Art. 4º – limite de responsabilidade do transportador;

Art. 7º – responsabilidade do transportador e do expedidor.

Protocolo para modificação do convênio internacional para a unificação de certas regras em matéria de conhecimento de embarque – Regras de Haia: firmado em 23 de fevereiro de 1968, em Bruxelas, teve como objetivo modificar certos artigos e definir novos conceitos das Regras de Haia.

Convênio das Nações Unidas sobre o transporte marítimo de mercadorias – Regras de Hamburgo: firmado em março de 1978

com a finalidade de substituir as Regras de Haia, este convênio, com 34 artigos, está dividido em quatro fases:
a) *Definições*: capítulo em que são abordados os seguintes tópicos:
   - transportador;
   - expedidor;
   - transportador efetivo;
   - mercadoria;
   - conhecimento de embarque;
   - contrato de transporte.
b) *Responsabilidade*: nesse capítulo são abordados os seguintes tópicos:
   - responsabilidades do transportador;
   - alcance da aplicação;
   - período de vigência da responsabilidade;
   - limite da responsabilidade;
   - base da responsabilidade.
c) *Documento de transporte*: em que se descrevem claramente:
   - emissão do conhecimento de embarque;
   - informações constantes no conhecimento de embarque.
d) *Reclamações e ações*: capítulo em que a convenção esclarece sobre:
   - aviso de perda;
   - aviso de dano;
   - aviso de atraso;
   - prazo de prescrição.

Recomenda-se que todo usuário do transporte marítimo internacional, além de conhecer as informações básicas impressas nos conhecimentos de embarque, saiba sobre os direitos e obrigações, que derivam dessa convenção.

Dentro das convenções há ainda toda uma abordagem relacionada a afretamentos parciais ou totais dos navios, tema este que será exposto em seguida.

Afretamento de navios

"*Fretamento* deriva de fretar, ou seja, fretar significa dar o navio a frete, afretar, recebê-lo a frete. *Fretador* é quem cede o navio a fretamento; *afretador*, aquele que o recebe mediante o pagamento de frete" (Lacerda, 1974:166).

O objeto do contrato de fretamento é o aluguel do navio, e o objeto da operação é o transporte da mercadoria. O contrato de fretamento apresenta-se em duas modalidades descritas a seguir.

1. *Fretamento total* – O navio é fretado por inteiro, ou seja, quando a mercadoria ocupa totalmente o navio, como um contrato de aluguel.
2. *Fretamento parcial* – Compreende apenas parte do navio. É quando o embarcador contrata com o transportador o embarque de mercadorias em certo navio para entregá-las em porto indicado. Trata-se do transporte realizado por linhas regulares de navegação e, na prática, é conhecido por contrato de transporte por praça.

Se o embarcador possuir carga para ocupar todo um navio, fará um afretamento por viagem (*voyage charter*), podendo ser para apenas uma viagem (*single voyage*), ou por viagens consecutivas (*consecutive voyages*). Também há a opção de o navio ser alugado pelo tempo que for necessário para o transporte de mercadoria; nesse caso, trata-se de um contrato de fretamento por tempo (*time charter party*).

Voyage charter

Contrato de transporte marítimo em que o afretador paga pela utilização de espaço em determinado navio por uma ou mais viagens. O armador arca com todos os custos operacionais do navio, enquanto as despesas portuárias, tais como taxa de utilização do porto e as operações de carga e descarga, estão sujeitas a um acordo entre as partes. O custo do frete é calculado por metro cúbico ou pelo peso de carga, ou ainda é cotado como um valor invariável, independentemente da quantidade das mercadorias efetivamente carregadas.

Time charter

O afretador contrata o uso de um navio, sua tripulação e equipamentos por prazo determinado. Enquanto a operação do navio e seus equipamentos, bem como a navegação, continuam sob a responsabilidade do armador, o afretador decide o tipo e quantidade de mercadoria a ser transportada e os portos para operações de carga e descarga. O afretador é responsável pelo custo do combustível (*bunkers*) e pelo pagamento de:

- despesas portuárias, incluindo manuseio da carga;
- serviços de praticagem;
- despesas ou comissão do agente marítimo de armador/navio.

Contrato de quantidade ou tonelagem (contract of afreightment – COA)

Situação em que, no mesmo *voyage charter*, constam duas ou mais viagens consecutivas. Normalmente é utilizado quando o intervalo entre os embarques é curto demais para permitir contratos consecutivos. Contudo, cada viagem é regulada como um *voyage charter party* independente. No COA, o contrato de afretamento prevê o transporte de determinada quantidade de carga durante um período definido, em embarques flexíveis sucessivos. Por exemplo, 1,2 milhão de toneladas métricas, pelo período de 24 meses, em embarques mensais de 50 mil toneladas métricas.

Customary lay-time

Se as partes contratantes não estipularem um prazo para o carregamento ou a descarga do navio, então o *customary lay-time* será aplicado ao contrato e um tempo razoável será permitido, de acordo com os costumes do porto em questão. Os costumes devem ser tão notórios como se fossem escritos no contrato. Mas, o que é um tempo razoável? Depende das circunstâncias existentes no porto no momento do carregamento até o descarregamento. A não ser que existam cláusulas expressando o contrário, os riscos normais de atraso correm por conta do armador. Entre esses riscos, podemos considerar:

❑ congestionamento no porto;
❑ greves portuárias;
❑ ações de autoridades portuárias (preferências);
❑ falta de mão de obra (estivadores) ou equipamentos;
❑ fenômenos naturais, incluindo mau tempo.

O afretador pode ser responsabilizado por atrasos causados por falta de informação ou documentação.

Fixed lay-time

A duração do período das operações de carga e descarga é prefixada no contrato de afretamento. O período de *lay-time* pode ser descrito simplesmente em termos de prazo (dia/hora) ou em termos de prancha, para carregamento ou descarregamento por dia. Na ausência de qualquer acordo contrário, os riscos de atraso ficam por conta do afretador. Se a operação de carregamento não terminar dentro do prazo estabelecido de *lay-time*, então se iniciará a contagem do período para o pagamento de uma multa contratual (*demurrage*) até a operação ser completada.

Berth, dock ou port charters

Contratos de afretamento são também caracterizados conforme os locais especificados para o início das operações de carregamento ou descarga. Esses locais podem ser berços (*berths*), docas (*docks*) ou portos (*ports*), porém nada impede que o local de carregamento seja um berço, e o local de descarga, um porto.

O início da contagem do *lay-time* depende da satisfação de três condições:

❏ o navio deve ter chegado ao local de destino especificado no contrato de afretamento;
❏ o navio deve estar pronto e em condições de receber ou descarregar as mercadorias;
❏ a entrega no aviso de prontidão.

Quando essas condições forem satisfeitas, o navio pode ser considerado um *arrived ship*, e somente então se iniciará a contagem do *lay-time*, imediatamente ou após um período de carência estipulado no contrato de afretamento.

Às vezes, o armador deixa o local de destino a critério do afretador, por exemplo, "um berço seguro no porto do Rio de Janeiro". Subsequentemente o afretador deve informar qual é o berço. Se o afretador atrasar na indicação do destino, poderá ser responsabilizado por eventuais despesas decorrentes desse atraso.

Antecipações na contagem do lay-time

Com relação à contagem do *lay-time*, destacamos:

❏ *whether in berth or not* – é semelhante ao contrato de afretamento-porto. A contagem do *lay-time* se inicia após a chegada

do navio à área comercial do porto e após a permissão de atracar dada pela autoridade sanitária do porto (livre prática);
- ❏ *whether in port or not* – a contagem do tempo se iniciará quando o navio chegar ao ancoradouro, fora dos limites comerciais do porto e após seu aviso de prontidão (*notice of readyness*), caso seja necessário;
- ❏ *whether in free pratique or not* – a contagem do *lay-time* independe da permissão de atracação por parte da autoridade sanitária do porto;
- ❏ *RECAP (recapitulatin of fixture)* – ocorre quando as partes contratuais chegam a um consenso sobre as cláusulas e o afretamento é concluído, com a emissão de um documento chamado *recapitulation of fixture*, no qual consta, de forma resumida, o que tiver sido combinado. Não havendo contestação, o contrato passa a valer com o RECAP.

Algumas vezes, o *charter party* não chega a ser assinado, especialmente em contratos de fretamento por viagem. Trabalha-se, então, com o documento conhecido como *working copy*. Para que não haja dúvidas sobre a validade do RECAP, é costume considerar o contrato fechado somente quando ocorrer alguma das seguintes situações:
- ❏ o *charter party* for assinado por ambas as partes, embora algum tempo depois do RECAP;
- ❏ o *working copy* for aceito pelas partes; ou
- ❏ for iniciada a execução do contrato, por exemplo, quando o armador entrega o navio ao afretador, que o recebe e paga a primeira parcela do aluguel (*hire*);
- ❏ *aviso de prontidão* (*notice of readiness* – NOR) – ao chegar aos portos onde irá carregar ou descarregar, o capitão do navio emite um documento denominado "aviso de prontidão", dando início à contagem do tempo contratual da operação (*lay-time*). Convencionalmente, o navio deverá sofrer uma inspeção por parte do afretador antes do início das opera-

ções de carregamento ou descarga (*on hire survey*). Caso os porões ou tanques não sejam aprovados, o afretador deve exigir a limpeza ou lavagem dos mesmos. Com isso, o aviso de prontidão perde sua eficácia, pelo fato de o navio não estar efetivamente pronto.

Transporte hidroviário

O transporte hidroviário concretiza-se pelo transporte mediante a navegação comercial através de rios e canais. Pode ocorrer no âmbito de uma bacia hidrográfica restrita a um único país ou, ainda, cruzando o território de diferentes países. Quando os rios possuem ligações com lagos, este transporte é denominado hidroviário ou fluviolacustre.

Nesse tipo de transporte, leitor, é comum que as operações sejam realizadas por meio de rebocadores-empurradores, aos quais são amarradas barcaças de fundo chato, formando conjuntos conhecidos pelo nome de "comboios". Essa é a maneira pela qual se dá o transporte fluvial internacional no rio Paraguai e no baixo curso do rio Paraná a partir da represa de Itaipu, interligando os estados brasileiros de Mato Grosso, Mato Grosso do Sul, Paraná e São Paulo à Bolívia, ao Paraguai e à Argentina, chegando ao oceano Atlântico pelo rio da Prata. Acima da barragem, o alto curso do rio Paraná apresenta navegação restrita ao território brasileiro.

No caso das grandes bacias navegáveis, como o sistema Amazonas–Solimões, é comum os navios que atuam em rotas internacionais adentrarem os rios, chegando a portos fluviais considerados de longo curso, a exemplo de Manaus e Itacoatiara (AM). Subindo ainda mais o rio Solimões, navios menores podem alcançar os portos de Iquitos, no Peru, ou Letícia, na Colômbia.

As operações fluviais de longo curso fazem parte do cotidiano no norte da Europa, onde os portos fluviais de Antuérpia,

Roterdã, Bremen e Hamburgo alcançam vários países europeus por uma intensa navegação fluvial através dos rios Escalda, Reno, Elba, Meno e Ródano, todos interligados por canais artificiais. Esse complexo sistema possibilita fortes reduções no custo do transporte de cargas na União Europeia.

É importante ressaltar que, muitas vezes, o leito cai bruscamente devido às irregularidades do relevo, formando cachoeiras. Quando isso ocorre em trechos de interesse para o transporte, são realizadas obras para transposição de nível, denominadas eclusas.

Modal dutoviário

O modal dutoviário consiste no transporte de granéis líquidos, gasosos ou sólidos através de tubulações, impulsionados por meio de sistemas de bombeamento e/ou pressão mecânica. As dutovias mais conhecidas são os oleodutos e os gasodutos, embora também existam minerodutos (Samarco mineração, 2011), sucodutos (Portogente, 2005) e até mesmo vinhodutos (Vinícola Aurora, s.d.).

Pelo fato de ser a forma mais econômica de transportar grandes volumes de carga, na maioria dos países, o modal dutoviário é orientado para o transporte de petróleo e seus derivados, sendo os oleodutos construídos e operados pelas grandes empresas petrolíferas e petroquímicas, responsáveis pela exploração, refino e comercialização desses produtos.

Uma das prioridades para o Brasil é reformular sua malha de transportes, e o modal dutoviário encontra-se no foco das atenções do Plano Nacional de Logística de Transporte (PNLT) (Brasil, 2012). De acordo com o PNLT, o governo brasileiro pretende transferir parte da carga atualmente transportada pelo modal rodoviário para o modal dutoviário, que sairia dos atuais 3,6% para 5% do transporte interno de cargas no país. (Brasil, 2012).

Para melhor analisar o modal dutoviário, devem-se considerar as dimensões econômicas, políticas, técnico-administrativas, ambientais e de segurança.

Na dimensão econômica, observamos que, no Brasil, o modal dutoviário é regido em ambiente monopolista, basicamente dominado por uma única empresa, que é a Petrobras. Regida por leis bastante restritas, nesse ambiente a operação dutoviária praticamente se restringe ao transporte de petróleo, seus derivados e gás. Apesar de previstos, os investimentos privados nesse modal são esporádicos e muito vulneráveis à flutuação de mercado.

Na dimensão política, destacamos que os investimentos na expansão e modernização do sistema dutoviário brasileiro implicam suporte político para torná-los viáveis, por exemplo, a participação exclusiva dos batalhões de Engenharia do Exército Brasileiro para construção do gasoduto Bolívia–Brasil no meio da selva amazônica, tendo em vista o desinteresse das construtoras pelo projeto. Além disso, com a possível privatização do setor, a questão poderá indicar a necessidade de mais uma agência reguladora, considerando que as demais estão essencialmente preocupadas com seus modais específicos.

Na dimensão técnico-administrativa, consideramos que o modal dutoviário possui vantagens e desvantagens, e requer uma gestão diferenciada, pois não há como administrar uma operação que envolva grandes volumes de carga sem associá-la a enormes necessidades de armazenagem. Em termos de custo, o modal dutoviário é o que apresenta os maiores custos fixos entre todos os modais (construção dos dutos, manutenção preventiva e segurança); no entanto, é também o que apresenta os menores custos variáveis (combustível para bombas de pressão e sucção).

Quanto às vantagens do modal dutoviário, temos:

❑ continuidade e velocidade relativa – mesmo que a velocidade final seja baixa, é o modal que menos sofre interrupções;

- habilidade de lidar com grandes volumes de cargas a granel;
- preço baixo do frete.

Já as desvantagens incluem:

- falta de flexibilidade;
- necessidade de transbordo para outros modais;
- riscos de operar com derivados de petróleo;
- necessidade de áreas de armazenagem nos terminais.

Na dimensão ambiental, consideramos que, em sua operação normal, o modal dutoviário afeta minimamente o meio ambiente na sua estruturação, uma vez que exige somente 1 km de faixa de segurança para cada lado do duto, ao passar em florestas, áreas rurais ou urbanas. Além disso, constata-se que a operação dutoviária substitui a rodoviária e a ferroviária, que transportam uma capacidade infinitamente inferior, consumindo muito mais combustível.

Finalmente, na dimensão de segurança, apontamos para os riscos de desastres de grandes proporções, que afetam negativamente o meio ambiente, tendo em vista os enormes volumes de cargas perigosas transportadas cruzando grandes centros urbanos, principalmente nos Estados Unidos e Canadá. Esses desastres podem ter origem em sabotagem, falhas na operação ou eventos da natureza, tais como furacões, terremotos, tsunamis etc.

Gasoduto Bolívia–Brasil

A maior dutovia instalada no país é o gasoduto Bolívia–Brasil, com aproximadamente 2.800 km de extensão, iniciando-se em Santa Cruz de la Sierra (Bolívia), cruzando cinco estados brasileiros e transportando 33 milhões de metros cúbicos de gás natural por dia.

Multimodalidade

Conforme Menezes (2011), a operação de transporte multimodal é aquela que, regida por um único contrato, utiliza duas ou mais modalidades de transporte, desde a origem até o destino. Tal operação é executada sob a responsabilidade única de um operador de transporte multimodal (OTM).

O transporte multimodal de cargas compreende, além do transporte em si, os serviços de coleta, consolidação, movimentação e armazenagem de carga, desconsolidação e entrega, enfim, todas as etapas indispensáveis à completa execução da tarefa.

Empresas contemporâneas desenvolvem estratégias operacionais direcionadas à multimodalidade e oferecem serviços completos porta a porta, via operador de transporte multimodal. Aqui, define-se o conceito de multimodalidade pela lei brasileira; estabelece-se tipologia entre empresas que prestam tais serviços; apontam-se ameaças e oportunidades para empresas logísticas.

A Conferência das Nações Unidas para Comércio e Desenvolvimento (*United Nations for Commerce, Trade and Development* – UNCTAD), órgão das Nações Unidas responsável por normalizar os assuntos de comércio internacional, explica o transporte multimodal da seguinte maneira:

> o transporte de mercadorias por pelo menos duas modalidades diferentes de transporte, com base em um contrato de transporte multimodal, a partir da origem num país onde as mercadorias são levadas por conta de um operador de transporte multimodal (OTM) para outro local de entrega designado, em país diferente [UNCTAD, 2001:5].

A UNCTAD (2001:5) explicita também o operador de transporte multimodal (OTM):

qualquer pessoa que por conta própria ou por outra pessoa, em seu nome, conclua um contrato de transporte multimodal, atuando como principal e não como agente, ou em nome do consignador ou do transportador que participam das operações de transporte multimodal, que assume a responsabilidade do cumprimento do contrato.

Algumas definições que facultam entender as peculiaridades do transporte multimodal:

- *serviço de transporte completo*: a empresa oferece o "pacote", podendo realizá-lo da embalagem à entrega final, incluindo desembaraço alfandegário, seguro e outras burocracias de trâmite da carga;
- *contrato global da operação*: operação multimodal que tem contrato único para todo o ciclo; o contratado responsabiliza-se perante o contratante.

Na visão dos governos, são benefícios do transporte multimodal:

- melhoria da infraestrutura de transportes; é mais racional, eficiente e pode aumentar a competitividade dos produtos nacionais;
- simplificação aduaneira, tornando mais ágeis e seguros os processos;
- participação crescente de empresas nacionais de transportes e seguros acarreta economia de moeda forte;
- redução dos impactos ambientais, minimização do consumo de energia e racionalização dos meios de transporte.

Empresarialmente, é benéfico realizar transporte multimodal porque:

- reduz-se tempo de trânsito de mercadorias;

- controlam-se custos totais de transporte e de evasões com mais rigor;
- limita-se a documentação relativa à operação;
- enxugam-se os estoques e a armazenagem intermediária;
- aumenta-se a confiança na entrega

Quatro tipos de OTM se destacam dos demais:
- *operadores de navio (OTM-ON)* – mais comuns, são proprietários de navios e subcontratam demais modais. Grandes empresas navegadoras já pensam na integração vertical para dominarem a distribuição física;
- *não operadores de navio (OTM-NON)* – por possuírem um único meio de transporte, subcontratam o transporte marítimo;
- *os sem meios de transporte próprios* – exploram um elo da cadeia de distribuição os agentes consolidadores de carga (também conhecidos como transitários ou *freight forwarders*, corretores de carga, despachantes e outros), que subcontratam a operação a terceiros;
- *especializados em TM* – não pertencem a elos da cadeia de distribuição, mas coordenam e informam, para total controle da operação logística.

No Brasil, a multimodalidade começou a nascer como opção estratégica para empresas de navegação (OTM-ON) e empresas aéreas (OTM-NON). A Lei nº 9.611/1998 dispõe sobre transporte multimodal de cargas e atividades do OTM. O Decreto nº 1.563/1995 diz do acordo parcial de TM para o Mercosul.

Um exemplo de visão multimodal é o Terminal Industrial Multimodal da Serra (Tims), no Espírito Santo, que liga instalações industriais a portuárias (Tubarão, Vitória etc.) do complexo portuário do estado, rodovias (BR 101 e BR 262) e a ferrovia Vitória-Minas. Outros exemplos são os serviços *courier* TNT Express, multimodal de encomendas urgentes.

Os benefícios desejados para se implantar a multimodalidade no Brasil serão alcançados com impactante investimento em infraestrutura de transporte, interligando modais (transbordo) e armazenagem especializada. Haverá necessidade de modernizar os órgãos da Receita Federal e as aduanas quanto às especificidades que a multimodalidade no país requer.

Agentes de cargas

De acordo com Ludovico (2010), como o próprio nome esclarece, o agente de carga, também denominado transitário (*freight forwarder*), é uma figura normalmente ligada ao transportador, que, em seu nome, obtém carga para fretes de empresas aéreas ou marítimas, sendo comissionado por seu trabalho de corretagem. Dessa forma, tem seu serviço iniciado no contato com o cliente e encerrado ao entregar a mercadoria ao transportador. Entre outras atividades, o agente de carga pode realizar os seguintes serviços ao exportador/importador:

- prestar toda a assistência administrativa, em seus escritórios e dependências no exterior, aos empregados e representantes do exportador ou importador em missão de fiscalização, controle de operação ou qualquer outro interesse dos mesmos;
- apresentar, ao exportador ou importador, sugestões de segurança do material, tipo de embalagem e rotas a serem escolhidas de acordo com os interesses dos mesmos;
- manter contato com os fornecedores para fiscalizar:
  - prazos de entrega das mercadorias;
  - instruções de embalagem;
  - marcas de referências;
  - instruções especiais de embarque;
- verificar prazos de vencimento de documentos;

- verificar a necessidade de obter documentos exigidos pela legislação;
- observar as instruções, estabelecendo transporte exclusivamente por navio de bandeira brasileira, ou na impossibilidade técnica e/ou operacional, obter junto às autoridades brasileiras competentes de autorização (*waiver*) para o transporte por outra bandeira (no caso de frete marítimo);
- escolher o porto/aeroporto de embarque mais adequado;
- coordenar e/ou executar os transportes internos na origem, de acordo com as condições de compra;
- obter dos fornecedores as faturas, certificados de origem, relação das mercadorias relativas aos embarques e qualquer outro documento a ser requerido para efetuar os serviços de embarque;
- armazenar, se necessário, as mercadorias por conta e risco de quem, pelas condições de compra, deve responder por elas;
- proceder à reserva de praças nos navios/aeronaves;
- verificar a equivalência dos documentos recebidos do exportador ou importador (licenças, certificados de origem, cartas de crédito, instruções de embarque) e aqueles apresentados pelos fornecedores/fabricantes (faturas comerciais, *packing list* e outros correlatos), segundo as normas da legislação brasileira vigente;
- manter informado o exportador ou importador sobre as alterações importantes que possam ocorrer nas tarifas dos fretes marítimos/aéreos, encargos e condições gerais;
- calcular e negociar os fretes aplicáveis, obtendo as reduções e bonificações máximas convenientes;
- enviar pré-avisos antes do embarque para a programação dos pagamentos referentes aos direitos alfandegários, taxas portuárias e similares, facilitando assim o desembaraço no destino.

Com relação aos *serviços de embarque*, cabe ao agente de carga:

- proceder à assistência física em qualquer estágio e sob qualquer modalidade operacional, durante todo o processo de embarque e transporte;
- elaborar o respectivo conhecimento de embarque marítimo (*bill of lading* – B/L) ou conhecimento de embarque aéreo (*air way bill* – AWB), observando a inclusão das anotações requeridas, conforme estipulado nas instruções de embarque;
- analisar as instruções da carta de crédito, providenciando a completa observância no que diz respeito ao transporte de mercadorias;
- controlar e acompanhar a entrega FOB das mercadorias e estufagem, controlando os pesos e as dimensões dos volumes;
- em caso de falta ou avaria da mercadoria, constatar o fato, em tempo hábil, e informar à companhia seguradora para as providências preliminares e de responsabilidade do(s) implicado(s);
- reter o embarque total ou parcial em caso de avarias graves no material ou embalagem, ou ainda de dúvidas que possam acarretar dificuldades no desembaraço da mercadoria no destino.

No *pós-embarque*, são os seguintes os serviços prestados pelo agente de carga:

- controlar a correta aplicação das tarifas de frete e seu cálculo;
- distribuir correta e imediatamente os originais e cópias dos documentos para todas as partes envolvidas, conforme instruções recebidas;
- enviar avisos de embarque, com data estimada de chegada, além de originais ou cópias, anexas ao conhecimento de embarque, da fatura comercial e outros documentos relativos ao embarque;

❏ avisar ao exportador ou importador sobre o possível retardamento na saída ou chegada dos navios/aeronaves, para ajuste das programações de recebimento e desembarque;
❏ caso disponha de instruções nesse sentido, enviar relatório periódico (*status report*), informando o exportador ou importador sobre todas as operações efetuadas;
❏ avisar à companhia de seguros sobre eventuais sinistros do exportador ou importador, em tempo hábil, através do envio de cópias dos documentos de embarque.

Adicionalmente, os agentes de carga prestam assessoria aos exportadores no exterior, tanto na conquista de novos mercados quanto no acompanhamento das mercadorias, não somente no trecho principal como também nos reembarques e desembarques em cada uma das fases do transporte, zelando pela boa qualidade e pelo menor preço dos serviços.

Há de se destacar também que, em função da negociação dos fretes, sempre são obtidos menores preços dos serviços para os importadores e para os exportadores, o que redunda em economia de divisas, assim como – e o que é mais importante – em função da redução do valor do frete, aumenta a viabilidade das exportações dos produtos brasileiros.

No difícil mercado internacional, o custo de frete é fator fundamental para que um produto seja competitivo e, nesse sentido, deve-se lembrar que, das quase 16 mil empresas exportadoras brasileiras, 10 mil são de pequeno e médio portes, e, sem a colaboração de transitários altamente especializados, com grande experiência nacional e com base de atuação em todo o mundo, seria praticamente impossível que as mesmas pudessem atingir o mercado externo, colocando em risco sua própria sobrevivência.

Claro está que, sem o apoio dos agentes de cargas, as pequenas e médias empresas brasileiras não teriam condições de realizar negócios com o exterior. Por sua vez, esses agentes de carga também precisam de apoio logístico através de serviços prestados pelos terminais de cargas especializados, assunto que será tratado em seguida.

Terminais de embarque e descarga

Embora também haja embarques internacionais por via rodoviária ou ferroviária, os principais terminais de embarque internacional de cargas são os portos e os aeroportos, elos de integração entre o transporte interno e o transporte internacional propriamente dito.

Aeroportos

Diferentemente do que ocorre no transporte marítimo, as mercadorias embarcadas via aérea são de pequeno volume e peso, muito fracionadas, possuem alto valor agregado e requerem urgência. Muitas vezes são produtos altamente perecíveis ou, ainda, animais vivos.

Em face da crescente movimentação de carga aérea observada em todo o mundo, foi desenvolvida a ideia de criar plantas industriais no entorno dos grandes aeroportos internacionais, simplificando os procedimentos aduaneiros, com a consequente redução de custos logísticos. A ideia parte da premissa de que muitos insumos e/ou componentes serão importados via aérea e incorporados a algum processo de transformação para fins de exportação. Esses aeroportos passam a ser conhecidos como "aeroportos industriais", e neles é instalada toda a infraestrutura necessária às atividades industriais (linhas de montagem, galpões, depósitos etc.).

Portos

Segundo Rodrigues (2007b), o comércio internacional exige que os portos se integrem à cadeia logística internacional, oferecendo tarifas reduzidas, alta produtividade e, sobretudo, garantindo baixa incidência de avarias. A crescente quantidade de cargas em trânsito vem reorientando as operações realizadas nos portos, os quais têm se especializado para atender às demandas de tipos específicos de carga (carga geral, contêineres, granéis, veículos etc.) e os padrões de navios que neles escalam.

No tocante à carga geral e aos contêineres, a tendência tem sido concentrar as rotas e reduzir o número de escalas dos navios, agregando transbordos. Paralelamente, tem-se observado o crescimento do porte dos navios, o que cria obstáculos à sua entrada e operação na maioria dos portos do mundo. Para atender a esses grandes navios, surgiu a ideia dos grandes portos concentradores de carga, com localização geoestratégica, capazes de atender a uma grande área de influência. Assim, nasceram os chamados *hub ports* – megaportos conectados por transbordos a portos regionais menores, denominados *feeders*, que promovem o suprimento e a distribuição através da cabotagem. Os *hub ports* devem apresentar as seguintes características físicas:

❑ localização fora de concentrações urbanas, para facilitar o recebimento e o escoamento de cargas afetas ao porto;
❑ possibilidade de receber navios com calado de, pelo menos, 14 metros;
❑ proteção adequada contra ventos, correntes e marés;
❑ bons acessos rodoferroviários, para garantir a fluidez do transporte terrestre;
❑ grandes áreas para armazenagem de mercadorias longe das áreas de operação dos navios.

Os chamados *hub ports* normalmente movimentam cargas de alto valor agregado, ou seja, produtos industrializados, em sua grande maioria carga conteinerizada. Na visão de Rodrigues

(2007b:225-226), para vir a se caracterizar comercialmente como *hub*, o porto deve atender aos seguintes quesitos:

- *hinterland* – área de influência terrestre do porto. Depende de a economia na região gerar grandes fluxos de cargas industrializadas, do valor de suas tarifas e da qualidade dos transportes terrestres no entorno. Por exemplo, o porto de Santos;
- *vorland* – afastamento ou proximidade do porto em relação às principais rotas de navegação. Cabe observar que a maior parte dos negócios internacionais está no Hemisfério Norte e, assim, os melhores *vorlands* do nosso país estão nos portos das regiões Norte e Nordeste. Assim, pode-se afirmar que o melhor *vorland* do Brasil está na região Nordeste.
- *umland*: instalações portuárias, tarifas e a qualidade dos serviços do porto. Neste ponto, em particular, não há dúvida de que quase todos os portos brasileiros vêm evoluindo bastante.

As commodities são movimentadas em terminais especializados, operados pelo embarcador, pelo consignatário ou, até mesmo, pelo armador, muitas vezes formando um único lote que ocupa todos os espaços do navio.

Como você pode observar, leitor, as operações internacionais formam um sistema bastante complexo e abrangem diversos subconjuntos de atividades, cada uma delas com normas e procedimentos administrativos e técnicos diferenciados das demais.

Conclusão

Em razão da consolidação do mercado global e do avanço das economias dos países, ser profissional de comércio exterior é ter a certeza de estar sempre capacitado e tornar-se ávido em reagir às constantes mudanças que esse ambiente oferece.

Ao concluir este texto, enfatizam-se tendências nas operações logísticas internacionais, necessidade de políticas governamentais e oportunidades de investimentos para a iniciativa privada.

Ao apontar tendências da logística na área internacional, indicamos a expansão do conceito de multimodalidade, que impõe movimentos para que operações logísticas internacionais passem a ser realizadas de forma completa (*door-to-door*), utilizando-se da racionalidade e eficiência dos diversos modais de transporte. Para tanto, esperamos que, ao longo do tempo, ocorra um enxugamento significativo dos termos de comércio (Incoterms), a ponto de poderem ser resumidos a dois: ou o exportador deixará a logística sob encargo do importador (EXW), e este se encarregará de todos os serviços até suas instalações, ou entregará o produto nas instalações do importador (DDP), com todos os serviços incluídos.

Acreditamos que os operadores de transporte multimodal serão cada vez mais especializados por regiões do planeta ou por setores industriais, tendendo a se consolidarem em poucas e enormes empresas de logística, que dominarão as várias cadeias internacionais. Essa visão já pode ser comprovada pela crescente terceirização dos serviços logísticos e profissionalização dos operadores logísticos internacionais. Por sua vez, diversas *global supply chains* serão dinamizadas, incentivando cada vez mais as estratégias de *global sourcing*. Resta saber qual será o papel das empresas brasileiras de um modo geral e das empresas logísticas de bandeira nacional no contexto internacional.

No contexto das políticas de governo, foram elencadas iniciativas urgentes por parte do governo brasileiro nos três níveis, para construir e modernizar a infraestrutura logística brasileira, a fim de se adequar ao crescimento do país no seu papel exportador/importador, por meio de consistentes investimentos na parceria com a iniciativa privada. Além dessa frente, caberá a instituições educacionais públicas e/ou privadas formar o capital humano técnico e gerencial necessário para fazer a máquina logística brasileira funcionar, sem, contudo, deixar de observar a premência de reformular radicalmente os processos burocráticos que hoje entravam nossa agilidade competitiva.

Por último, observamos que a iniciativa privada terá forte papel empreendedor, no sentido de continuar a produzir bens e serviços de classe universal, dinamizando e incentivando casos de sucesso, como Embraer, Tramontina, Gerdau, Marcopolo, WEG e tantas outras empresas brasileiras que, apesar dos percalços dos gargalos logísticos, conseguem demonstrar ótimo desempenho logístico no cenário internacional.

Finalmente, para você, leitor, fica nossa mensagem de que a logística precisa ser considerada fonte de vantagem competitiva no contexto internacional e, portanto, encarada seriamente entre as diversas competências necessárias ao administrador na seara internacional.

Referências

AGILITY Logistics. Banco de dados, [s.d.]. Disponível em: <www.agilitylogistics.com.au>. Acesso em: 9 jul. 2013.

ALVARENGA, Antonio C.; NOVAES, Antonio Galvão N. *Logística aplicada*. 3 ed. São Paulo: Edgard Blucher, 2000.

AMATO, J.; MARINHO, B. L. Gestão da cadeia de fornecedores e acordos de parcerias. In: AMATO, J. (org.). *Manufatura classe mundial*: conceitos, estratégias e aplicações. São Paulo: Atlas, 2001. p. 17-48.

ARESE, H. F. *Introducción al comércio exterior*. Buenos Aires: Norma, 2007.

ARRUDA, Ricardo Takahashi. *O impacto das variações do programa de produção nos custos logísticos*: um estudo de caso na Fiat Automóveis. 2001. 123 p. Dissertação (Mestrado) – Programa de Pós Graduação em Engenharia da Produção, Universidade Federal de Santa Catarina, Florianópolis, SC, 2001.

ASOCIACIÓN DE CENTROS DE TRANSPORTES DE ESPAÑA (ACTE). ZAL del port de Barcelona. *Portal institucional*, [s.d.]. Disponível em: <www.acte.es>. Acesso em: 20 nov. 2013.

ASSOCIAÇÃO BRASILEIRA DE MOVIMENTAÇÃO E LOGÍSTICA (ABML) O conceito de operador logístico. *Tecnologística Online*, São Paulo, v. 4, n. 39, p. 35-46, fev. 1999. Caderno especial.

AZÚA, D. R. *Transportes e seguros marítimos para o exportador*. São Paulo: Aduaneiras, 1984.

BACOVIS, M. M. C. Estudo comparativo das plataformas logísticas europeias x brasileiras, como forma de identificar um modelo que atenda as empresas do PIM. In: CONGRESSO DE PESQUISA E INOVAÇÃO DA REDE NORTE-NORDESTE DE EDUCAÇÃO TECNOLÓGICA, 2., 2007, João Pessoa. *Anais*... João Pessoa: Cefet, 2007.

BALLOU, Ronald. *Gerenciamento da cadeia de suprimentos*. 4. ed. Porto Alegre: Bookman, 2001.

_____. *Logística empresarial*: transportes de materiais e distribuição física. São Paulo: Atlas, 2008.

BERGLUND, M. et al. Third-Party Logistics: Is There a Future? *The International Journal of Logistics Management*, v. 10, n. 1, p. 59-70, 1999.

BEST URBAN FREIGHT SOLUTIONS (BESTUFS). *BESTUFS II*: Best Practice Update, 2007, Part 1. BESTUFS, 2007.

BOISIER, S. Hay espácio para el desarrollo local en la globalización? *Revista de la Cepal*, n. 86, p. 47, ago. 2005.

BOUDOUIN, D. Logística, território, desenvolvimento: o caso europeu. In: SEMINÁRIO INTERNACIONAL LOGÍSTICA, TRANSPORTES E DESENVOLVIMENTO, I., 1996. Fortaleza, CE. *Anais*... Fortaleza: UFC/CT/DET, 1996.

BOWERSOX, Donald J. The Strategic Benefits of Logistics Alliances. *Harvard Business Review*, p. 36-45, jul./ago. 1990.

_____; CLOSS, David J. *Logística empresarial*: o processo de integração da cadeia de suprimento. São Paulo: Atlas, 2001.

BRANSKI, R. M.; CARVALHO, C. C.; LIMA JR. O. F. Modelo conceitual de plataforma logística para a região metropolitana de Campinas.

In: ENCONTRO NACIONAL DE ENGENHARIA DE PRODUÇÃO (Enegep), 31., 2011, Belo Horizonte, Anais... Rio de Janeiro: Abepro, 2011.

BRASIL. Ministério dos Transportes. *Plano Nacional de Logística e Transportes (PNLT)*. Brasília, DF, 2012. Disponível em: <www2.transportes.gov.br/bit/01-inicial/pnlt.html>. Acesso em: 5 nov. 2012.

_____. Ministério da Fazenda. Receita Federal do Brasil. Portos secos. *Portal institucional*. Brasília, DF: [s.d]. Disponível em: <www.receita.fazenda.gov.br/aduana/LocaisRecintosAduaneiros/PortosSecos/Default.htm>. Acesso em : 22 nov. 2013.

_____. Lei nº 12.815, de 5 de junho de 2013: dispõe sobre a exploração direta e indireta pela União de portos e instalações portuárias e sobre as atividades desempenhadas pelos operadores portuários.... *Diário Oficial da União*, Brasília, DF, 5 jun. 2013a. Edição extra.

_____. Governo do Estado de Goiás. Secretaria de Estado de Gestão e Planejamento (Segplan). Plataforma logística multimodal de Goiás. Audiência pública, 13 de novembro de 2013. Goiânia: Segplan, 2013b. Disponível em: http://www.sgc.goias.gov.br/upload/arquivos/2013-11/plataforma-logistica-multimodal-de-goias_audiencia-publica_vf.pdf. Acesso em: 25 nov. 2013.

CHRISTOPHER, M. *The strategy of distribuition management*. Tóquio: Physical Distribution Management Association, 1996.

_____. *Logística e gerenciamento da cadeia de suprimentos*. São Paulo: Pioneira, 1997.

DALMAU, R. G.; ANTÓN, F. R. Um nuevo concepto de plataforma logística urbana. In: CONGRESO DE INGENIERÍA DEL TRANSPORTE, 5., 2002, Barcelona. Anais... Barcelona: CIT, 2002.

DA SILVA, R. M.; SENNA, E. T. P.; LIMA JÚNIOR, O. F. Utilização da parceria público privada em projetos de plataforma logística no Brasil. In: SIMPOI, 2013. Anais... São Paulo: FGV, 2013.

DIAS, J. C. Q. *Logística global e macrologística*. Lisboa: Sílabo, 2005.

DORNIER, P. P. et al. *Logística e operações globais*: texto e casos. São Paulo: Atlas, 2000.

DREIFUSS, René Armand. *A época das perplexidades*. 3. ed. Petrópolis: Vozes, 1999.

DUARTE, P. C. *Modelo para o desenvolvimento de plataforma logística em um terminal*: um estudo de caso na Estação Aduaneira do Interior – Itajaí/SC. 1999. 100 p. Dissertação (Mestrado) – Programa de Pós-Graduação em Engenharia de Produção, Universidade Federal de Santa Catarina, Florianópolis, SC, 1999.

_____. Desenvolvimento de plataformas logísticas: visão estratégica e políticas públicas. In: SIMPEP, 11., 8-10 nov. 2004, Bauru, SP. *Anais*... Bauru, 2004.

_____. Mapa estratégico para apoiar a implantação de uma plataforma logística: análise dos benefícios no setor conserveiro gaúcho. *InterScience Place*, ano 2, n. 7, maio/jun. 2009.

DUBKE, A. F; FERREIRA, F. R. N.; PIZZOLATO, N. D. Plataformas logísticas: características e tendências para o Brasil. In: ENCONTRO NACIONAL DE ENGENHARIA DE PRODUÇÃO (Enegep), 24., 2004, Florianópolis, SC. *Anais*... Florianópolis, 2004.

DUTRA, N. et. al. As plataformas logísticas e suas relações com operadores logísticos – cenários e tendências. In: CONGRESSO DA ANPET, 15., 1999, Rio de Janeiro. *Anais*... Rio de Janeiro, 1999.

ESPANHA. Ministério de Fomento. *Plataformas logísticas y centros de transporte de mercancías en España*. Madri, set. 1999. Disponível em: <www.telecotrans.es/redctm/presentacion/index.html>. Acesso em: 29 ago. 2001.

EUROCENTRE MULTIMODAL LOGISTIC PLATFORM. *Portal institucional*. Tolouse: [s.d.]. Disponível em: <www.eurocentre.fr>. Acesso em: 20 nov. 2013.

EUROPLATFORMS EEIG. *Logistics Centres*. Direction for Use. Bruxelas: European Commission, 2004. Disponível em: http://www.unece.org/fileadmin/DAM/trans/main/eatl/docs/EN-REV-What_is_a_Freight_VillageFinalcorretto.pdf. Acesso em: 25 nov. 2013

FARIA, A. C.; COSTA, M. F. G. *Gestão de custos logísticos*. São Paulo: Atlas, 2005.

FERNÁNDEZ, Rodrigo López. *Logística comercial*. Madri: Thonson Paraninfo, 2004.

FITZSIMMONS, J. A.; FITZSIMMONS, M. J. *Administração de serviços*: operações, estratégia e tecnologia de informação. 2. ed., Porto Alegre: Bookman, 2000.

FLEURY, Paulo. F. Vantagens competitivas e estratégicas no uso de operadores logísticos. In: _____.; WANKE, Peter; FIGUEIREDO, Kleber F. (coord.). *Logística empresarial*: a perspectiva brasileira. São Paulo: Atlas, 2000. p. 133-141.

_____; RIBEIRO, Aline. A indústria de prestadores de serviços logísticos no Brasil: caracterizando os principais operadores. *Portal do Instituto de Logística e Supply Chain (ILOS)*, Rio de Janeiro, 15 ago. 2001. Disponível em: <www.ilos.com.br/web/index.php?option=com_content&view=article&id=1163%3>. Acesso em: 10 ago. 2002.

_____; WANKE, Peter. Formação, implementação e administração de parcerias entre clientes e operadores logísticos: um estudo de *caso*. *Portal do Instituto de Logística e Supply Chain (ILOS)*, Rio de Janeiro, 20 mar. 1997. Disponível em: <www.ilos.com.br/web/index.php?option=com_content&view=article&id=1127%3>. Acesso em: 26 maio 2002.

FOLLMANN, N.; HORNER, D. O desenvolvimento das plataformas logísticas no Brasil. In: ENCONTRO NACIONAL DE ENGENHARIA DE PRODUÇÃO, 27., 2007, Foz do Iguaçu. *Anais...* Rio de Janeiro: Abepro, 2007.

FRIEDMAN, Thomas L. *O mundo é plano*: uma breve história do século XXI. Rio de Janeiro: Objetiva, 2005.

GALIANA, J. M. *Gestión de transporte*. Barcelona: Logis Book, 2001.

GAMA, Marilza. As relações internacionais e a globalização. *Informativo de Comércio Exterior AEB*, ano IV, n. 26, abr. 2003.

GARDNER, R. W.; JOHNSON, C. L. Third-Party Logistics. In: ROBESON, J. F; COPACINO, W. C. (org.). *The Logistics Handbook*. Nova York: The Free Press, 1994.

GOIÁS. Secretaria de Estado de Gestão e Planejamento. Plataforma Logística Multimodal: audiência pública. Goiânia: Segplan, 2013. Disponível em: <www.sgc.goias.gov.br/upload/arquivos/2013-11/plataforma-logistica-multimodal-de-goias_audiencia-publica_vf.pdf>. Acesso em: 23 nov. 2013.

GREENE, James H. *Production and Inventory Control Handbook*. Nova York: McGraw-Hill, 1997.

GS1 BRASIL. *Dicionário de logística*. [s.l.]: [s.d.]. Disponível em: <www.gs1br.org/publicacoes/bibliotecavirtual/glossario>. Acesso em: 20 nov. 2013.

HANDABAKA, Alberto Ruibal. *Gestão logística da distribuição física internacional*. São Paulo: Maltese, 1994.

HIGGINS, C. D.; FERGUSON, M. R. *An Exploration of the Freight Village Concept and its Applicability to Ontario*. Hamilton: Mc Master University, 2011.

_____; _____; KANAROGLOU, P. S. Varieties of Logistics Centres: Developing a Standardized Typology and Hierarchy. In: TRB ANNUAL MEETING, 91., 2012, Washington, DC, 2012. *Proceedings...* Washington, DC: TRB, 2012. Disponível em: <www.trb.org>. Acesso em: 19 nov. 2013.

INTERNATIONAL AIR TRANSPORT ASSOCIATION (IATA). Disponível em: <www.iata.org>. Acesso em: 19 ago. 2012.

INTERNATIONAL CHAMBER OF COMMERCE (ICC). *Rules for the Use of Domestic and International Trade Terms*. Paris: ICC, 2010. Disponível em: <www.atlantaaduaneira.com.br/incoterms.html>. Acesso em: 25 out. 2013.

INTERNATIONAL CIVIL AVIATION ORGANIZATION (ICAO). Disponível em:<www.icao.int/Pages/icao-in-brief.aspx>. Acesso em: 19 ago. 2012.

INTERNATIONAL MARITIME ORGANIZATION (IMO). International Maritime Dangerous Goods. S. n. t. Disponível em: <http://www.imo.org/OurWork/Safety/Cargoes/Pages/DangerousGoods.aspx>. Acesso em: out. 2013.

JARZEMSKIS, A. A Research on Public Logístics Centre as Tool for Cooperation. *Transport*, v. 22, n. 1, p. 50-54, jan. 2007.

KOBAYASHI, Shun'ichi. *Renovação da logística*. São Paulo: Atlas, 2000.

KOTABE, Masaaki; HELSEN, Kristiaan. *Administração de marketing global*. São Paulo: Atlas, 2000.

LACERDA, J. C. Sampaio de. *Direito marítimo*. São Paulo: Freitas Bastos, 1974.

LAMBERT, D. M.; EMMELHAINZ, M., GARDNER, M. Developing and Implementing Supply Chain Partnership. *The Internacional Journal of Logistics Management*, v. 7, n. 2, p. 1-18, 1996.

_____; STOCK, J. R.; VANTINE, J. G. *Administração estratégica da logística*. São Paulo: Vantine Consultoria, 1998.

LAURINDO, F. J. B; PESSÔA, M. S. P. Sistemas integrados de gestão. In: AMATO, J. (org.). *Manufatura classe mundial*: conceitos, estratégias e aplicações. São Paulo: Atlas, 2001. p. 114-129.

LIEB, R. C.; RANDALL, H. L. A Comparison of the User of Third-Party Logistics Services by Large American Manufactures, 1991, 1994 and 1995. *Journal of Business Logistics*, v. 17, n. 1, p. 55-62, 1996.

LOPES, José Manoel Cortinãs. *Os custos logísticos do comércio exterior brasileiro*. São Paulo: Aduaneiras, 2000.

LUDOVICO, Nelson. *Logística de transportes internacionais*. São Paulo: Saraiva, 2010.

_____. *Logística internacional*. 3. ed. São Paulo: Saraiva, 2013.

_____. *Mercados e negócios internacionais*. São Paulo: Saraiva, 2012. Série Comércio Exterior, v. 6.

MAGRETTA, J. *Entendendo Michel Porter*. São Paulo: HSM, 2012.

MEIDUTE, I. Comparative Analysis of the Definitions of Logistics Centres. *Transport*, v. 20, n. 3, p. 106-110, 2005

MENEZES, J. E. S. Logística internacional. In: VASCONCELLOS, M. A. S.; LIMA, M.; SILBER, D. S. (org.). *Manual de economia e negócios internacionais*. São Paulo: Saraiva, 2011. p. 115-251.

MERCADO ESPERA maior especialização e flexibilidade. *Tecnologística Online*, São Paulo, n. 79, jun. 2002. Especial Operadores Logísticos.

MEREDITH, J. R.; SHAFER, S. M. *Administração da produção para MBA's*. Porto Alegre, Bookman, 2002.

MOURA, G. B. *Direito de navegação em comércio exterior*. São Paulo: Aduaneiras, 1991.

NAZÁRIO, P.; ABRAHÃO, F. Terceirização estruturada: o uso do RFI como ferramenta de seleção de operadores logísticos. *Tecnologística Online*, São Paulo, n. 79, jun. 2002. Disponível em: <www.ilos.com.br/web/index.php?option=com_content&view=category&layout=blog&id=4&Itemid=279&lang=br>. Acesso em: 25 nov. 2013.

PORTAL TRANSPORTA BRASIL. Braspress inaugura filial em Jundiaí (SP) sua 109ª unidade operacional. *Portal institucional*. [s.l.]: 2012. Disponível em: <www.transportabrasil.com.br/2012/11/braspress-inaugura-filial-em-jundiai-sp-sua-109a-unidade-operacional/>. Acesso em: 22 nov. 2013.

PORTOGENTE. Portal de Transportes e Logística. Banco de dados. *O suco de maior consumo também é o mais exportado*. [s.l.], 22 ago.

2005. Disponível em: <www.portogente.com.br/texto.php?cod=3027>. Acesso em: 5 nov. 2012.

PORTUGAL. Ministério das Obras Públicas, Transporte e Comunicações (MOPTC). Plano Portugal Logístico: intervenção MOPTC. Lisboa: MOPTC, 2006. Disponível em: <www.acte.es>. Acesso em: 20 nov. 2013.

ROCHA, R. A. V. Plataformas logísticas e seus impactos territoriais: o caso da plataforma logística de Valença e da plataforma de Salvaterra-As Neves. Guimarães: Universidade do Minho, 2007.

RODRIGUES, A. Demartini. *Plataforma logística*: competitividade e futuro. Goiânia: Seplan-GO, 2013. Disponível em: <www.seplan.go.gov.br/sepin/pub/conj/conj2/04.htm>. Acesso em: 19 nov. 2013.

RODRIGUES, Paulo Roberto Ambrósio. *Gestão estratégica da armazenagem*. 2. ed. São Paulo: Aduaneiras, 2007a.

_____. *Introdução aos sistemas de transporte no Brasil e à logística internacional*. 4. ed. São Paulo: Aduaneiras, 2007b.

SAMARCO MINERAÇÃO. Banco de dados. *Relatório Anual de 2011*. [s.l.], 2011. Disponível em: <www.samarco.com/relatorio_anual/pt-br/a-samarco/processo-integrado/processo.swf>. Acesso em: 23 out. 2012.

SIRI, M. S. *Comercio internacional y médio ambiente*. Buenos Aires: Cooperativas, 2007.

SOUZA, P. F. F. de S. Seção de abertura. In: FÓRUM NACIONAL DE LOGÍSTICA & SEMINÁRIO INTERNACIONAL, 7, Rio de Janeiro, 2001. Anais... Rio de Janeiro: CEL-Coppead/UFRJ, 2001. n. p.

TSAMBOULAS, D. Freight Village Under Uncertainty with Public and Private Financing. *Transport Policy*, v. 10, p. 141-156, 2003.

UNITED NATION CONFERENCE ON TRADE AND DEVELOPMENT (UNCTAD). *Implementation of Multimodal Transport Rules*. Genebra: UNCTAD, 2001.

VIEIRA, M. M. F. *Geoestratégia global*. Rio de Janeiro: FGV, 2007.

VINÍCOLA AURORA. Banco de dados, [s.d.] Disponível em: <www.vinicolaaurora.com.br/site/vinhoduto.php>. Acesso em: 5 nov. 2012.

Os autores

Paulo Roberto Ambrósio Rodrigues

Mestre em administração e desenvolvimento empresarial, pós-graduado em administração de materiais e em transporte marítimo, administrador de empresas e oficial de náutica da Marinha Mercante. Trabalhou a bordo de navios mercantes, exerceu diversas funções executivas, destacando-se nos setores marítimo, portuário e terminais de carga. Como consultor técnico das Nações Unidas, desempenhou inúmeras missões no Brasil e no exterior pela CNUCED/TRAINMAR. É professor convidado do FGV Management. Possui dois livros técnicos na área de logística.

Isabel Bernardo Dias de Figueiredo

Mestre em administração de empresas pela Fundação Getulio Vargas em convênio com a London Business School, onde concluiu seu MBA. Graduada em economia pela Fundação Armando Álvares Penteado e em letras – português/inglês – pela Universidade Federal do Rio de Janeiro. Participou de diversos cursos de curta duração para executivos em Wharton, Insead e Harvard. Coautora do livro *Negociações internacionais e a globalização* (1999). Ex-diretora da Companhia Siderúrgica Nacional (CSN), ex-gerente da Alcoa Alumínio S.A. Professora convidada do FGV Management.

Julio Eduardo da Silva Menezes

Doutor em engenharia de produção pela Coppe/UFRJ. Mestre em administração pela Naval Postgraduate School (CA, USA), com especialização em logística (Logistic Management Program). Bacharel em economia pela Universidade Católica de Petrópolis. Graduado no Curso de Formação de Oficiais Intendentes na Academia da Força Aérea. Como oficial, exerceu diversas funções na área de logística no Comando da Aeronáutica, onde atuou por 13 anos, destacando-se sua participação no Programa AM-X, na Embraer e na Cia. Eletromecânica Celma. Professor efetivo da Universidade Federal do Tocantins (UFT). Professor convidado do FGV Management. Consultor e pesquisador nas áreas de logística e gerenciamento de projetos.

Nelson Ludovico

Pós-doutor em *international relations*, doutor em comércio exterior, mestre em negócios internacionais, pós-graduado em operações e serviços de comércio exterior, administrador de empresas. Exerceu cargos executivos na Philips do Brasil e Sadia Trading. Atua na Eaesp/Pec desde 1984 e no FGV-Management, como professor convidado. Implantou, em 1995, pela Organização dos Estados Americanos (OEA) o MBA de Comércio Exterior na cidade de Santos (SP). Consultor internacional desde 1985, com projetos para empresas brasileiras nos Estados Unidos, América do Sul, na Europa e na África. Durante 12 anos (2000-12) foi consultor e palestrante da Federal Express (FedEx). Desde 2008 é membro do Latin American Quality Institute do Panamá. Autor de 11 livros.

Este livro foi impresso nas oficinas gráficas da Editora Vozes Ltda.,
Rua Frei Luís, 100 – Petrópolis, RJ.